中国学生成长速读书

总策划／邢涛　主编／龚勋

世界国家地理

汕头大学出版社

世 / 界 / 国 / 家 / 地 / 理
WORLD NATIONAL GEOGRAPHY

FOREWORD
前言

地理,是人类诞生之初就已形成的概念,它作为一个知识概念同人类共生,作为一种文化随着人类的进步而发展。目前,地理已经成为一个广博的界定,不再局限于我们平日所理解的自然地理的概念,而是更多地包含了民俗、历史、旅游等文化层面上的印记,真正将地理的内涵从自然拓展到了人文的范畴。

21世纪是全球化的时代,多元文明的融合与碰撞正在影响和改变着我们的生活。国家地理这一集人文地理与自然地理于一体的文化概念,随之被赋予一种全球视野下的跨地域、跨文化的形态。各国国家地理在全球互动的视野下逐步走向和谐共生。

为此,我们精心编撰了这本《世界国家地理(青少年版)》,它以传导自然关怀和人文情感为宗旨,不分国界,按地形地貌的不同,向读者展现了世界各地的独特风光。精美的图片、生动的文字,将地球之美、人类之美、自然之美、文明之美……用最直接的方式呈现在您的面前,以期您能与我们一起去感受那些原本远在天边的真实与美丽。

如何使用本书

为了方便读者阅读本书，下面向读者介绍《世界国家地理》的使用方法。本书共分为"世界地质公园篇"、"山岳篇"、"江河湖泊篇"、"峡谷沟壑篇"、"雪山秘境篇"、"特色地貌篇"和"古国王朝篇"七个篇章，按地形地貌的不同分别介绍了世界各地的不同景致。每个篇章都分为若干知识点，详细介绍了与主题相关的知识内容。

主标题
当前页主要地理景观的名称。

副标题
对该地理景观主要特征的概括形象描述。

引言
对当前主题内容的简明阐述，引领读者进入全篇。

辅标题
构成该地理景观的知识点的名称。

辅标题说明
对辅标题知识点所做的具体阐述和讲解。

图片
与当前页地理知识相关的图片，让您对相关内容有更真切的认识。

书眉
双数页书眉标示书名，单数页书眉标示每章名称。

落基山脉
——北美洲的脊骨

落基山脉是世界上最壮观的山脉之一，北起阿拉斯加，穿越加拿大、美国，在墨西哥消失。整座山脉犹如一条巨龙腾空而起，自北向南绵延起伏几千千米，几乎纵贯整个北美大陆，被许多地理学家称为北美洲的脊骨。

落基山脉 属于科迪勒拉山系的东部山脉，平均海拔2000～3000米。

山脉的形成

落基山脉经历了长达1亿年的形成过程，演绎了一部壮观剧烈的地貌变迁史。起初，它是一片巨大的地槽区，直到白垩纪初期还是一片碧波荡漾的浅海，在这里，各种各样的生物自由自在地生活着。

后来，这个地区开始不断地上升，最终由海洋变成了陆地。为了生存，各种生物与大自然展开了一场殊死的搏斗，有的活了下来，有的却从这个星球上永远消失了。

紧接着，这一地区发生了排山倒海般的大规模的造山运动，被压抑了几亿年的岩浆，此刻突然冲出地面，照亮了这片沉寂的土地，许多动物吓得到处逃窜。地壳随之发生了强烈的褶皱与压缩，山脉隆起，形成巨大的花岗岩山系。

怒火平息后，群山又遭到冰川的侵蚀，留下了陡峭的角峰、冰斗、槽谷等冰川地貌。经历了这场漫长的造山运动后，落基山终于巨人般屹立在了辽阔的北美大地上。

落基山脉 是北美大陆重要的气候分界线，对极地太平洋气团东侵和极地加拿大气团西侵起屏障作用，使得紧靠山脉的大平原地区气候湿润多雨。

第二章
山岳篇 **Part2**
Hills & Mountains

山脉是大地的脊梁,横亘在世界各地,一潮波可谓源远流长。一道道雄伟的山脉保持文臂,宽加一条条颤劲的巨龙搅尾在大陆的边缘。山脉是地壳运动的产物,由于地壳板块运动是不定时的,因此山脉形成的地质年代也各年有晚。那些中生代以前形成的山脉,亿万年来经历了大自然的风化和侵蚀,已经变得低矮平缓,如安第斯山脉,西部褶皱带中生代以前,呈现出新生代形成的山脉,有些至今还在继续上升,因此都保持了跨峻险峻的旗势,如喜马拉雅山脉。

古语云,仁者东山,山,自古以来就与人类结下了不解的情缘。从欧洲大陆的比利牛斯山到非洲宽广的台之伦山,从有雪雹的高加索山到恐惧害威胁美洲人——到处都留下了人类探索的足迹。

篇章名称
每章所要介绍内容的总括。

「纯净的史前冰川以及一望无垠的浓密的白杨、松树、云杉林等景观……」

落基山国家公园群

　　落基山国家公园群位于加拿大西南部,包括贾斯珀、班夫、约霍、库特奈四座不同的公园。其中班夫国家公园创立于1885年,面积约6680平方千米,是加拿大第一个也是最古老的一个国家公园。公园内各类生态地貌林立,有魏峨的落基山脉、纯净的史前冰川以及一望无垠的浓密的白杨、松树、云杉林等景观,居北美大陆之冠。公园中部的路易斯湖,风景尤佳,湖水随着光线的深浅由蓝变绿,形成一片如翡翠一般碧绿的美景,因此又被称为"翡翠湖"。湖的后面是终年积雪的维多利亚山,蓝天、冰雪、山岩、树木倒映在湖面上,构成了一幅娴静的画面。沿着

贾斯珀国家公园 是加拿大落基山公园群中最大的一座,占地10878平方千米。公园西部的罗布森山海拔3954米,是公园内的最高峰。

湖光山色
国家公园内的山脉都很年轻,大约形成于7000万年以前,崎岖的山峰与流动的冰川在这里形成了奇特的对比。巨大的冰川从冰原上缓缓滑下,把巨大的岩石磨为粉末,覆盖在纯净的水湖上,把湖水映照得如同璀璨的宝石。

篇章内容概述
用高度简练的文字对该篇章的主要内容进行介绍,使读者大致了解该篇章内容的结构脉络。

典型描述
从辅标题说明中提炼的最能反映该地理景观典型状况的描述。

图片说明
对图片的文字说明,同时讲解与正文有关的知识点。

小资料
与当前页内容相关的背景知识。

CONTENTS 目录
WORLD NATIONAL GEOGRAPHY
世界国家地理

世界地质公园篇 National Geoparks

地质公园是以具有特殊的地质科学意义、稀有的自然属性、较高的美学观赏价值和具有一定规模和分布范围的地质遗迹景观为主体，并融合其他自然景观与人文景观而构成的一种独特的自然区域。

12　大理石拱形洞——用石头搭建成的世界级旅游胜地

14　爱尔兰科佩海岸——在峭壁与沙滩中徒步旅行

16　埃菲尔山脉——火山喷发展示的地质演化史

18　贝尔吉施—奥登瓦尔德山——在花岗岩与砂岩之间漂移着的大陆

20　普罗旺斯高地——原始自然环境与地质遗迹的完美结合

22　罗斯舒瓦尔·沙斯农陨石坑——古老陨石与海洋遗骸的碰撞

24　马东尼——西西里岛上的伊甸园

26　莱斯沃斯石化森林——爱琴海地质史的天然见证

山岳篇 Hills & Mountains

山脉是大地的脊梁，翻开世界地图，一眼就可以看到，一道道褐色的山脉纵横交错，宛如一条条蜿蜒的巨龙绵延在大陆的边缘。

30　比利牛斯山——步行者的天堂

32　阿尔卑斯山——欧洲的脊梁

36　高加索山——亚欧边界的脊梁

38　维苏威火山——美丽面纱掩映下的残酷

40　埃特纳火山——欧洲西部的"高危险区"

42　富士山——神木环绕下的圣山

44　喜马拉雅山——冰雪的家乡

46　落基山脉——北美洲的脊骨

50　北喀斯喀特山——火山集中营

52　哈莱亚卡拉火山——太阳升起的地方

54　维龙加山脉——火山的家乡

56　鲁文佐里山——梦中的月亮山

58　蓝山山脉——通往自由的道路

60　库克山——南半球的阿尔卑斯

62　埃里伯斯火山——南极大陆的火神

江河湖泊篇 Great Rivers & Lakes

自古以来，水就被誉为"生命之源"。有水的地方，草木茂盛、动物繁多、生机盎然。纵观人类的历史，许许多多古老文明的发祥地无一例外地集中在靠近水源的地方。

66　莱茵河——西欧的交通动脉

68　伏尔加河——俄罗斯民族的母亲河

70　泰晤士河——伦敦的腰带

72　塞纳河——巴黎的灵魂

74　多瑙河——欧洲大陆上的蓝色飘带

76　恒河——永恒生命的象征

78　密西西比河——印第安人眼里的"众水之父"

80　亚马孙河——世界河流之王

84　尼罗河——沙漠里的母亲河

86 刚果河——非洲中部的"水廊"

88 里海——欧洲的"风水宝地"

90 死海——神奇的盐湖

92 贝加尔湖——西伯利亚的珍珠

94 五大湖——北美大陆的地中海

峡谷沟壑篇 Canyons & Gulchs

峡，指的是两山夹水的地方；谷，指的是两山或两块高地之间的狭长而有出口的地带。它们都是由于地壳的迅速隆起或河流的剧烈切割而形成的。峡谷沟壑是大地沧桑的见证，遍布地球的每个角落。

98 黄石大峡谷——艺术家的大视野

100 布莱斯峡谷——美国的"兵马俑"

102 锡安山大峡谷——上帝的天城

104 约塞米蒂谷——印第安人的图腾

106 死谷——荒凉而神秘的狭长谷地

110 科罗拉多大峡谷
　　　　——活的地质史教科书

114 大转弯——被河流切割出来的特殊地带

116 科尔卡大峡谷——地球上的环形山

118 东非大裂谷——地球上的一道伤疤

雪山秘境篇 Mysterious Jokul

在我们生活的这个星球上，有一种特殊的景观，那就是雪山。有人曾这样形容它们："巍巍群峰攀云天，茫茫雪域耀日月"。由于它们往往地处偏远，因此人类的足迹常常无法到达，这也给它们蒙上了一层神秘的面纱。

122 博卡拉——热带的雪山之城

   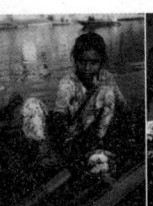 

124 珠穆朗玛峰——圣洁的"雪山女神"

126 麦金利山——太阳的家乡

128 朗格尔—圣埃利亚斯冰山

　　——闪光的云彩

130 雷尼尔山——上帝的雪冠

132 乞力马扎罗山

　　——在冰与火的交融中诞生的奇迹

142 帕木克堡——上古神灵的棉花场

144 普林塞萨地下河国家公园

　　——海平面下的奇迹

146 沃特顿—冰川国际和平公园

　　——落基山脉上的皇冠

150 巴德兰兹劣地

　　——不谋而合的"恶劣之地"

特色地貌篇 Characteristic Landforms

从诞生之初，地球就在不断经历着沧海桑田的巨变，而这种变化的直接结果就是导致了地球表面多种多样的地形地貌：冰川、河谷、沙漠、岩石、盆地、岛屿，无所不有、无处不在。

136 巨人之路——断崖上的石柱巨人

138 格雷梅国家公园

　　——神秘而荒凉的远古迷宫

140 下龙湾——海上的桂林

古国王朝篇 Ancient Dynasties

文明发展的进程绝不是简单的直线。历史上没有一种古代文明，不曾历经多次曲折甚至倒退。在人类的历史中，相当多的文明在时间的长河中消失，等到不知过了多少代，才重新出现。也有的文明最后竟归于中断和湮没。

154 古罗马帝国——台伯河上的角斗士

156 奥尔梅克文明——中美洲的文明之母

158 玛雅文明——丛林中走出的奇迹

第一章
世界地质公园篇
Part 1　National Geoparks

地质公园是以具有特殊的地质科学意义、稀有的自然属性、较高的美学观赏价值和具有一定规模和分布范围的地质遗迹景观为主体，并融合其他自然景观与人文景观而构成的一种独特的自然区域，分为世界地质公园、国家地质公园及地方地质公园几大类。截至2006年9月，经联合国教科文组织批准的世界地质公园已经达到了47家。其中，古老陨石与海洋生物遗骸撞击形成的沙斯农陨石坑世界地质公园，讲述了远古大陆的变迁；莱斯沃斯石化森林则对古老爱琴海的地质史做出了详细的讲解；还有大理石拱形洞、普罗旺斯高地……它们以其复杂的地质构造、地理背景，丰富的地质景观，向人们展示了我们生活的这个星球的发展和演化。

大理石拱形洞

用石头搭建成的世界级旅游胜地

大理石拱形洞世界地质公园位于英国北爱尔兰弗马纳郡境内，是欧洲最好的观赏性洞穴之一。洞内，钟乳石在川流上熠熠发光，易碎的矿石层和乳白色方解石的小瀑布，为洞穴墙面裹上了一层霓裳，真不愧为世界级旅游胜地。

大理石拱形洞 是1895年由任教于巴黎索邦神学院洞穴学专业的法国著名洞穴学家安德特·马可首次发现的。

「它拥有珍贵的典型沉积物和形态万千的钟乳石，向人们展示了复杂的洞穴起源……」

洞穴的形成

在坎布瑞安山山脉的顶部，页岩和砂岩形成了宽广的滩地，在那里，丰沛的降水逐渐聚集成不连续的溪流与河流，再流经不渗透的砂岩和页岩后，汇集到石灰岩层，再沿石灰岩层向前流动一段距离后，渗透到地下形成洞穴。著名的大理石拱形洞就是在这里形成的，它拥有珍贵的典型沉积物和形态万千的钟乳石，向人们展示了复杂的洞穴起源。

这里的大多数洞穴都形成于石灰岩地层上部，该地层为不同类型石灰岩的复杂岩群，它们在厚度和特征上都有很大的变化，反映了逐渐增强的构造活动。尽管地质公园内的泥炭石灰石干净且大部分为层状，有助于形成大洞穴，但石灰岩地层的这些变化特点对洞穴的发育和形成也具有重要影响。

大理石拱形洞世界地质公园

大理石拱形洞被人们一致认为是世界上少有的极具观赏价值和研究价值的洞穴。英国政府从1985年起宣布将其对外开放。从开放之日起，大理石拱形洞每年吸引着全世界近5万名游客和地质爱好者及专家学者来此参观。近几年来，大理石拱形洞在保护与开发、教育和地

坎布瑞安山的石灰岩斜坡 下部发育着一个巨大的洞穴体系，大理石拱形洞就是其中之一。

质旅游方面取得的成绩引起了国际上的广泛关注。2001年，大理石拱形洞成为英国第一个欧洲地质公园。2004年2月，经联合国教科文组织的批准，大理石拱形洞被列入第一批世界地质公园名录。

坎布瑞安山 海拔仅有668米，但它的北部地区，在温和的大西洋海洋气候影响下，年平均降雨量达到1500毫米，暴露的抬升地区的降水量则超过2000毫米。

爱尔兰科佩海岸

在峭壁与沙滩中徒步旅行

我们的地质环境多种多样,从4.6亿年前的黑色页岩到中世纪的古堡遗迹,从壮观的峭壁到广阔的沙滩,在以库拉姆山为背景的完整环境中,我们为你提供了一条徒步旅行的最佳路线。

——爱尔兰科佩海岸联合委员会

古老的地质史

大约4.6亿年前,今爱尔兰科佩海岸地区曾发生过两次重大火山喷发。随着时间的流逝,火山被来自充满生物的海洋碎屑物质所覆盖,同时海洋提供了大量的含化

科佩海岸拥有完整的自然景观 因此,科佩海岸联合委员会决定不开展大规模的旅游活动,而要促进生态旅游,特别是地质旅游,这样,该区的特色就不会受到影响。

石石灰岩,最终在靠近赤道的沙漠上堆积起层层红色的砂岩。大约在7000年前,人类来到这里,开始利用这里的环境生活。现在,我们还可以看到周围散布着上几个世纪人类居住的遗迹,包括新石器时代的墓石碑坊、铜器时代的墓穴、凯尔特人的防御要塞、基督以前的碑铭以及中世纪遗迹等。

在以库姆拉山为背景的完整环境中, 科佩海岸拥有壮观的景色。为此,委员会开辟了徒步旅行线路,并编制了说明书和路牌,建立了基于当地岩石的地质公园。

「海洋提供了大量的含化石石灰岩，最终在靠近赤道的沙漠上堆积起层层红色的砂岩……」

当地人的生活

公元前3000年，欧洲大陆的移民开始在科佩海岸定居，目前，这里的文明仍以农牧业和传统文化为主。这里通行的语言是爱尔兰语，至今已有百余年的历史，听起来仍然韵味十足。爱尔兰曲棍球和盖尔人足球是这里传统的体育项目，每个社区都有自己的球队，经常进行一些友谊比赛。

由于崇尚传统，因此使得这里的大部分原始景色得以保留下来。老式的灌木篱笆、轻巧的茅草屋随处可见。每到圣诞狂欢之夜，人们就在小酒馆里载歌载舞。古老的生活习俗也造就了良好的生态环境，大量的鸟类以及獾、狐狸等小型动物和繁茂的植物群体现了人与自然的和谐相处。

科佩海岸景色奇异 吸引了许多的旅游者。目前，科佩海岸联合委员会已经与中国的张家界地质公园签订了协议，共同开发互助旅游事业。

除了农业和传统文化 科佩海岸地区的采矿业也占有巨大的优势，"科佩"英文单词的意思就是"铜"。现在，这里已经修建了一座以采矿和矿物学为主的博物馆。

埃菲尔山脉

火山喷发展示的地质演化史

埃菲尔山脉世界地质公园位于德国埃菲尔山脉的西北部,埃菲尔高地在这里显示出它独特的地质景观:巨大的U型谷切入古老的泥盆纪沉积物,350个火山喷发中心至今还在蠢蠢欲动,向我们展示着过去4亿年的地质演化史。

埃菲尔山脉的火山活动仍在继续,从而导致了埃菲尔地区的地面正以每年1毫米的幅度缓慢上升。

位于埃菲尔山麓附近的火口湖呈圆形 直径约1千米,湖水最深的部分超过70米。

地质的演化

埃菲尔山脉世界地质公园以其火山活动而著称。这里有大量的火口湖,经过科学研究已发现了74个,其中9个火口湖仍然充满了水,而在其他一些火山口中,长有特殊植被的泥沼替代了原来的湖泊。从火口湖沉积物可以看出,从15万年前至今,不断有火山喷出物质堆积下来,从而为研究人员提供了大量有关中欧气候、植被和地质环境的再造数据。

在火口湖中曾经发现过4300万年前的化石,如怀胎的原始型马或已知最古老的蜜蜂,这在全球的地质史上具有十分重要的意义。200年来,埃菲尔山脉吸引着大批地质学家前来考察,直到现在研究工作仍在继续。根据探测的地球物理数据显示,埃菲尔高地地表以下仍然存在火山活动的条件。根据地质学家的推测,在埃菲尔山脉中那些较年轻的火山活动可能是在大约100万年前开始发生的。在270个第四纪火山喷口中,最年轻的火山口其最后一次喷发距今只有1万年,因此可以推定,在未来不久的地质时期中,该火山很可能还会发生活动。除此之外,埃菲尔高地还以泥盆纪碎屑沉积物及中泥盆纪钙质礁而成为过去4亿年的地质演化史的最好教材。

火口湖

火口湖是指由死火山口的积水所形成的湖泊。火山熄灭后,冷却的熔岩和碎屑物堆积于火山喷发口周围,使火山口形成一个四壁陡峭、中央深邃的漏斗状洼地,积水后就成为火口湖。火口湖一般多呈圆形,面积小而深度大。

埃菲尔火山区 的火山喷发的岩浆几乎全部是原始超基性岩浆,即二氧化硅含量低于45%的岩浆。

埃菲尔山脉

埃菲尔山脉坐落在莱茵河与莫泽尔河交汇的三角地带。其中最高的山峰阿赫特峰海拔746米。埃菲尔山脉曾经是一个火山区。公元前9000年~公元前8500年,这里曾有480座火山喷发着灼热的岩浆。现在我们所见的山岭和湖泊的田园景色,当时完全覆盖在灼热的熔岩之下。后来,随着火山活动的慢慢停止,火山口逐渐积下雨水,形成现今特殊的圆形湖泊,人们称之为火口湖。如今,在埃菲尔山区随处可见大大小小的宁静的湖泊,都是当年的火山口留下来的遗迹。其中道恩地区是湖泊最集中的地方,这里的大部分火口湖属于自然保护区,一些湖泊则允许人们钓鱼、划船、游泳或者冲浪。

贝尔吉施
—奥登瓦尔德山

在花岗岩与砂岩之间漂移着的大陆

贝尔吉施-奥登瓦尔德山世界地质公园位于德国西南部，占地面积约2300平方千米。公园内有一处记载欧洲中部地区大约5亿年前重大全球性历史事件的独特地层，曾被描述为"在花岗岩与砂岩之间漂移着的大陆"。

贝尔吉施—奥登瓦尔德山 属于南阿尔卑斯的前沿，除了高大的山脉之外还包括一些丘陵和湖泊。

全球地质构造的遗迹

贝尔吉施—奥登瓦尔德山世界地质公园介于美茵河谷和莱茵河谷之间，其南部与莱卡河谷毗邻，北部与被联合国教科文组织命名为麦塞尔化石坑的世界自然遗产接壤。莱茵、美茵河谷和莱卡之间的地区不仅露出各种大量的岩浆岩和沉积岩，还留下了两次全球地质构造的遗迹。第一次是造山运动形成岩浆弧——大陆碰撞的先期峡谷，第二次是莱茵河地堑的形成，代表了阿尔卑斯造山运动期间的欧洲大陆分裂的最初阶段，这在欧洲中部地区是独一无二的。因此，这一地区成为了人类研究地球历史、了解地球动力学过程的特殊窗口，具有特殊的地质学意义，2004年2月被联合国教科文组织列入世界地质公园名录。

贝尔吉施山区 是莱茵河右侧片岩山区从北边的鲁尔河到南边的齐格河的一部分，最高处海拔为586米。

位于公园附近的柯尼格斯湖以及加密施—帕滕基兴地区和米滕瓦尔德地区现在都是德国著名的旅游胜地。

贝尔吉施—奥登瓦尔德山

贝尔吉施山和奥登瓦尔德山同属中等山脉，其中贝尔吉施山位于莱茵谷地的片岩山区，是莱茵谷地和黑森林洼地的天然隔离带。而奥登瓦尔德山位于莱茵低地以及其边缘的谷地，与黑林山、施配萨尔特山等共同形成典型的梯形地带，德国南北交通最重要的枢纽莱茵河就从台地的旁边蜿蜒而过。贝尔吉施—奥登瓦尔德山区的高地同自然环境良好，以葡萄园和发达的旅游业为特色的莱茵河两岸的谷地相比，人烟显得稀少。但正是因为如此，也保持了它原始的自然风光。

「贝尔吉施山位于莱茵谷地的片岩山区，是莱茵谷地和黑森林洼地的天然隔离带……」

普罗旺斯高地

原始自然环境与地质遗迹的完美结合

国南部西阿尔卑斯山脉外部，有一处奇特的地方，幽静的小路将地质遗迹、自然景观等浑然不同的场景完美地统一起来，没有城市文明影响的"山水艺术"运动使许多艺术家在这里重新回归自然，这就是普罗旺斯高地世界地质公园。

公园的地质遗迹

公园位于普罗旺斯高地的北部，与阿尔卑斯山脉接壤，为海拔400～2960千米的高地，区域内具有各种各样的自然环境，其最低处有浓香的葡萄酒产地和橄榄树生长带，最高的山峰则位于高高的阿尔卑斯山脉上。

普罗旺斯高地的地质保护区位于西阿尔卑斯山脉外部，处在南部亚高山链区域与南部倒转石灰岩区交界处。南部亚高山链经历过中等规模逆转作用，使这一地区的石灰岩区发生了早期构造演化，阿尔卑

普罗旺斯是中世纪时代封建领主纷争的地区之一，至今，在普罗旺斯中北部险峻的山区中还保有当时斗争留下的痕迹。

快活王国

普罗旺斯，在中世纪诗人的诗歌中被称为"快活王国"，今天的人们则常称它为"蔚蓝海岸"。北部的阿尔卑斯山如巨大的屏障挡住刺骨的寒风，使得这里一年四季温暖如春。沿着高地，大片的百里香和薰衣草铺展开来，弥漫着醉人的香气。梵高、毕加索、尼采都曾是这里的客人。为此，公园在这里设立了大量的艺术展览，便于人类从大自然中寻求艺术灵感，利用自然物质来表述自我需求。

由于公园所在地存在着大量远古的石灰岩层，使之对地球科学的研究和开展地质学教育有着重要的意义，因此，每年都有数千名学者来这里进行研究。

晴不定，时而暖风和煦，时而冷风肆虐；地势跌宕起伏，平原广阔，峰岭险峻，寂寞的峡谷，苍凉的古堡，蜿蜒的山脉……全都汇集在这片南法国的大地上。早在罗马帝国时期，普罗旺斯就被列入其所属的省份。后来，随着古罗马的衰败，普罗旺斯又被其他势力所控制……直到20世纪60年代，法国政府才最后确定其为普罗旺斯—阿尔卑斯区。尽管历史的动荡给普罗旺斯留下了一个混淆的疆界概念，但也赋予普罗旺斯一段多姿多彩的过去，普罗旺斯将古今风尚完美地融合在一起。

斯造山运动本身对该高地影响不大。

普罗旺斯自然地质保护区包含依照1976年《环境保护法》注册的18处地质遗迹，周围是一条保护带，覆盖了总面积约2000平方千米的55个地区。

普罗旺斯高地

最初的普罗旺斯高地北起阿尔卑斯山，南到比利牛斯山，包括法国的整个南部区域。这里的地势和气候极富变化：天气阴

在普罗旺斯高地地质公园中，禁止采集任何化石。在注册的地质遗迹范围内，规定更加严格，甚至禁止采集天然飞禽标本。

罗斯舒瓦尔·沙斯农陨石坑

古老陨石与海洋遗骸的碰撞

罗斯舒瓦尔·沙斯农陨石坑世界地质公园位于法国中西部，占地1975平方千米，辽阔的土地上汇集着各种地质结构：西部是约有2.14亿年历史的罗斯舒瓦尔陨石坑，是法国目前唯一所知的陨石坑；而东部赛邦迪高沼地则为山丘中心海洋遗骸的标志。

古老的地质演变史

罗斯舒瓦尔·沙斯农陨石坑世界地质公园经历过6.3亿年来地区发展史中发生的所有渐变和突变的地质作用，包括中央地块的闭合和消失、大陆碰撞、巨大陨石坑的形成及其在冰河时代所受到的剥蚀。漫长的历史造就了这里独特的地质特征：西部的罗斯舒瓦尔古陨石坑（受到深度剥蚀的冲击构造），年龄约2.14亿年，是法国唯一已知的陨石冲击坑。它完整地保存下结晶基底与冲击熔融体之间的接触点，以及完整的冲击变质序列。在这里，游客可

沙斯农陨石坑 是大约2亿年前的一次威力巨大的陨石撞击地球时形成的，整个陨石坑直径约1.5千米，深5千米。

> **陨石坑**
>
> 陨石体以高速穿过大气层时产生的强大冲击波撞击地面或其他天体表面时产生剧烈冲击和爆炸，使撞击体自身与被撞击部位的岩石熔融和气化，抛射出基岩物质后形成的凹坑，也称陨石冲击坑或撞击坑。

以观赏到保存下来的部分地质奇观。沙斯农陨石坑东部的蛇纹岩高沼地标志着中央地块海（大约6.3亿年前）的残留部分。此外，该园区还是中世纪法国南部方言和北

「沙斯农陨石坑东部的蛇纹岩高沼地标志着中央地块海的残留部分……」

部方言的发祥地,有着不同的风俗习惯,从而使这里成为建筑遗址和文化遗迹的完美结合区。

公园一览

沙斯农陨石坑地质公园环境幽雅、秀美。遍地鲜花的高沼地、纵横的深谷和长满树木的丘陵,构成一幅辽阔的田园风光。园区内有低矮丘陵、落叶林和针叶林、草原和耕地、排列有序的地质遗迹和天然空地,周围环绕着树篱或树木,较高的沼泽地上生长着美丽的金雀花和蕨类植物,众多的河道通过峭壁峡谷穿越风景区。另外,公园内水源丰富,古老的维埃纳河便是见证,在中新世冲击台地(距今大约2000万年)还发现有石化热带树木。

除此之外,公园里的地层中含有丰富的金、银、钛、锡、锑等金属和石英、高岭石等矿物,为当地的各种产业提供了原材料。另外,这一地区还有大量的地下石料。自古以来,该地的人们就懂得利用这些石料建造房屋和教堂了。

世界著名陨石坑

自地球诞生之日起,陨石撞击地球的事件就屡有发生,在地球表面形成了许多巨大的陨石坑。其中位于美国内华达州亚利桑那陨石坑是5万年前一颗直径约为30~50米的铁质流星撞击地面的结果。这颗流星重约50万千克、速度达到20千米/秒,爆炸在地面上产生了一个直

陨石的强烈撞击产生的巨大热量 导致沙斯农陨石坑周围方圆500千米的石头全被熔化,冷却后形成坚硬的花岗岩。

径约1245米、平均深度达180米的大坑。据说,坑中可以安放下20个足球场,四周的看台则能容纳200多万名观众。

除此之外,墨西哥尤卡坦半岛契克苏勒伯陨石坑也十分著名,直径有198千米。"肇事者"是6500万年前一颗直径为10~13千米的小行星。

20世纪 科学家在沙斯农陨石坑附近的山地中发现了大约2000万年前的石化热带树木,这说明在远古时候这里可能是一片热带森林。

马东尼

西西里岛上的伊甸园

马东尼世界地质公园位于地中海的西西里岛上，巍峨的亚平宁山脉形成阻隔大海的巨大屏障，烟雾缭绕的火山掩映在金黄的庄稼和郁郁葱葱的葡萄园中。脚底下，地壳运动仍在进行，大地在时而轻微时而剧烈地颤抖，特殊的地质遗迹和考古遗迹缓缓地讲述着一个古老的故事。

马东尼世界地质公园 地区的山脉多是由山地和丘陵组成的年轻褶皱带，地壳极不稳定，多火山和地震。

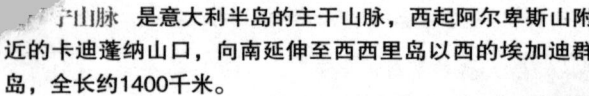

亚平宁山脉 是意大利半岛的主干山脉，西起阿尔卑斯山附近的卡迪蓬纳山口，向南延伸至西西里岛以西的埃加迪群岛，全长约1400千米。

公园的历史变迁

马东尼世界地质公园的历史始于2亿年前,主要是由相当于目前撒丁岛的位置上的海盆中的沉积物形成的。后来,在大约1.5亿年的时间内,由于某些部分沉没而其他部分上升,该海盆开始变得千姿百态,后来在地球腹地形成了陆源沉积物、蒸发沉积物和碳酸盐沉积物,其上覆盖着钻石般的珊瑚礁和盐类。

如今,在这片面积为400平方千米的地区的中心,公园里的群山是意大利大陆上的亚平宁山脉的最后一个分支;巍峨的群山形成阻隔大海的屏障,特殊的地质遗迹和考古遗迹、神奇的景观以及野生动植物保护区向人们昭示着一个远古的文化传说。

西西里岛的北岸是美丽的沙滩 每年都吸引着大批的游客,而南岸则多是陡峭的石头海岸,因此游人十分稀少,但这样却保证了它原始的自然风貌。

西西里岛

西西里岛位于意大利最南端,面积2.5万平方千米。曾有人这样比喻:如果意大利是一只靴子,西西里岛就是靴尖前端镶嵌的一块宝玉,漂浮在蔚蓝的地中海。岛上蕴含着丰富物质,气候宜人,还有特长的海岸线、希腊神殿遗址、欧洲最大的活火山……特殊的地理位置使得西西里岛极易受到外来力量的攻击,从公元前5世纪开始,它就成为希腊人和罗马人争夺的战略重地。公元9世纪,阿拉伯人占领了西西里岛,开始了长达250年的统治。多种文化的交集使得西西里岛成为地中海文明的中心。

地中海的心脏

西西里岛位于地中海的中心,历史上曾被称为"金盆地"。西西里岛迷人的自然风景与人文风景非常和谐地融合为一体,希腊人、古罗马人、拜占庭人、阿拉伯人、诺曼人、施瓦本人、西班牙人都曾是这片土地的主人,正是因为如此,也创造了灿烂的西西里文明,使之成为地中海的心脏。

莱斯沃斯石化森林

爱琴海地质史的天然见证

在希腊爱琴海东北部的莱斯沃斯岛上,有一片保存完好的石化森林,大量根系完整、发育良好的直立石化树木依偎着碧蓝的爱琴海,重重的海浪缓缓地剥蚀着这些远古植物的石化残留物,见证了2000万年以来爱琴海的历史变迁。

硅化木 其实也是化石的一种,它的形成过程就是硅取代木质纤维的过程。

「如今，火山岩受到了自然剥蚀，显露出给人深刻印象的直立的和倒下的树干……」

石化森林的形成

莱斯沃斯岛上有一系列的火山，频繁的火山活动导致火山碎屑物质从东向西流动。这些火山碎屑物质覆盖了辽阔的地区，并掩埋了当时莱斯沃斯岛西部生长的茂密森林。由于火山碎屑物质移动迅速，森林中的树干、树枝和树叶几乎顷刻间就被掩埋。同时由于火山碎屑将植物纤维与外界环境相隔绝，确保了碎屑矿物中强烈的热液流体循环，使植物纤维在最佳条件下发生了完整石化。实质上，这种石化作用是由无机物逐个分解置换掉有机植物物质的过程。因此，植物的形态特征和树木的内部结构被完好地保存下来。如今，火山岩受到了自然剥蚀，显露出给人深刻印象的直立的和倒下的树干。

地质历史的天然见证

构成有名"石化森林"的硅化木的最著名聚集地位于锡格里、安蒂斯萨和埃雷索斯地区。在这些地方，除石化树干外，还有保存完好的石化树根、果实、树叶和

阿波罗神殿遗址　位于爱琴海中部的提洛岛上，现在仅存石墙和石柱，与莱斯沃斯石化森林遥遥相对。

树种。大量根系完整、发育良好的直立石化树干，证明了这些树木都是在其原始位置上石化的。可以说，它们为人们提供了大量有关远古植物群的组成特征以及气候条件的信息，是爱琴海盆地至少2000万年的地质历史的天然见证。由于意识到该地区具有重大的环境学、地质学和古生物学价值，希腊政府宣布莱斯沃斯石化森林为"自然保护纪念地"，并将其开辟成国家公园以便更好地对它进行保护和研究。莱斯沃斯地质公园中建有莱斯沃斯石化森林自然历史博物馆，该馆陈列着各种各样的展品，以十分生动的形式展示出爱琴海的地质演化过程。

远古时期的植物　形成硅化木的几率只有几千万分之一，像莱斯沃斯石化森林这样不但保存完整而且面积巨大的硅化木可以说是人类最宝贵的资源和自然遗产，具有极高的科学价值。

第二章
山岳篇
Part2 Hills & Mountains

山脉是大地的脊梁，翻开世界地图，一眼就可以看到，一道道褐色的山脉纵横交错，宛如一条条蜿蜒的巨龙绵延在大陆的边缘。山脉是地壳运动的产物，由于地壳的运动是不定时的，因此山脉形成的地质年代也有早有晚。那些中生代以前形成的山脉，亿万年来经历了大自然的风化和侵蚀，已经变得低矮平缓，如安第斯山脉；而那些中生代以后，特别是新生代形成的山脉，有的至今还在继续上升，因此都保持了巍峨险峻的雄姿，如喜马拉雅山脉。

古语云：仁者乐山。山，自古以来就与人类结下了不解的情缘。从欧洲大陆的比利牛斯山到非洲荒漠的鲁文佐里山，从白雪皑皑的高加索山到烟雾缭绕的夏威夷火山……到处都留下了人类探索的足迹。

比利牛斯山

比利牛斯山是欧洲西南部最大的山脉，西起大西洋比斯开湾，东至地中海岸，是法国和西班牙的界山。天气晴朗时，在平坦的阿基坦平原举目远望，可以看见宏伟壮丽的高山以及山间青翠茂盛的河谷、湍急的瀑布以及珍贵的动植物，当然，也有徒步行走的冒险者，因为这里是他们的天堂。

GR10号步道

比利牛斯山是步行者的天堂，GR10号步道是法国最著名的长步道。从地中海穿越比利牛斯山区到大西洋，再也没有比步行更能亲近比利斯牛山的了。出发之前一定要做好完全的准备才行，因为此处是险峻的高山区，处处藏有危险。每年10月到次年5月，海拔较高的山路可能因为大雪而封闭。虽然位于西班牙和法国之间，但比利斯牛山并不属于这两个国家。几个世纪以来，比利牛斯山区是由一个个独立的自治区拼凑起来的，至今还有一些地区仍旧保持着强烈的独立意识，并且以历史和传统为荣。

比利牛斯山山体轴部　主要由花岗岩和古生代的页岩、石英岩组成，而山体两侧则主要是中生代和第三纪的岩层。

阿拉扎斯河谷的上游布满砾石　山间生长着高山薄雪草、龙胆和银莲等植物。

「比利牛斯山沿大西洋的部分主要由茂密、葱郁的森林和平缓的台地组成……」

阿拉扎斯河谷

阿拉扎斯河谷位于比利牛斯山脉的中央。源头是瑰丽的索阿索冰斗，这是一个巨大的天然圆形洼地，是由冰川的侵蚀而形成的。从索阿索冰斗再往上走是陡峭的小路，弗洛雷斯峰沿着阿拉扎斯河谷绵延近3000米，令人眩目。

野生动植物的栖息地

比利牛斯山沿大西洋的部分主要由茂密、葱郁的森林和平缓的台地组成。北坡属温带海洋性气候，年降水量1500～2000毫米，主要植被有山毛榉和针叶林。南坡属亚热带气候，年降水量500～750毫米，植被为地中海类型的硬叶常绿林和灌木林，具有明显的垂直变化规律。在海拔400米以下的地区，由于湿度较小，只有一些典型的地中海型植物，如油橄榄、石生栎等。在海拔400～1300米的地区，降水逐渐增多，分布着广泛的落叶林带。再往上，在海拔1300～2300米的区域，温度降低，植被主要以混交林和高山针叶林为主。而到了海拔2300米以上的区域，则是茫茫的高山草甸和冰雪。比利牛斯山也是比利牛斯山羊的最后栖息地，岩架上时常会见到敏捷的臆羚，有时还会见到稀有的黑山羊品种。这种黑山羊是比利牛斯山特有的动物，雄性的黑山羊长有长达1米的角，向后弯曲成弓形。另外，这里还生活有大量的土拨鼠、狐狸、水獭、野猪和棕熊。攀石鸟更是这里的特殊成员，它们的攀石本领极强，能在陡峭的悬崖上猎取昆虫，而且，它们灰褐色的羽毛能和岩石融为一体，不容易被敌人发现。

阿拉扎斯河谷 是比利牛斯山四大河谷之一，面积为156平方千米。湍急的河水流经连串的阶梯和瀑布，在崖顶侵蚀出一排排狭窄的石灰岩岩架，岩架上布满槽沟，气魄雄伟。

阿尔卑斯山

欧洲的脊梁

阿尔卑斯山是欧洲最高大的山脉，从热那亚湾附近的图尔奇诺山口沿法国、德国、意大利边境北上，经瑞士进入奥地利境内，贯穿大半个欧洲，绵延1200千米。阿尔卑斯山也因此得名"欧洲的脊梁"。

最古老的山脉

阿尔卑斯山脉是第三纪（6500万年前～160万年前）渐新世至中新世期间由于非洲板块向北边的亚欧板块移动挤压隆起而形成的。在古老的地质年代，现在的阿尔卑斯山区还是古地中海的一部分，后来由于地壳的运动，陆地逐渐隆起，形成了褶皱山脉，逐渐发展成为高大的阿尔卑斯山脉。至今，整个山区的地壳还不稳定，地震频繁。近百万年以来，欧洲经历了几次大冰期，致使阿尔卑斯山区形成了典型的冰川地形，各处山顶及旁边山谷的高度相差极大，山区被厚达1000多米的冰雪所覆盖，许多山峰岩石嶙峋，角峰尖锐。而且，山区还有很多深邃的冰川槽谷和冰碛湖。直到现在，阿尔卑斯山脉中还有1000多条现代冰川，总面积达3600平方千米，比欧洲国家卢森堡还要大。

阿尔卑斯山 除了主山系之外，还有四条支脉伸向中南欧各地，是名副其实的"欧洲脊梁"。

「峰顶覆盖着晶莹的白雪，几道冰川顺峰而下……」

阿尔卑斯山经历几次冰期 形成了典型的冰川地貌，许多山峰上都覆盖着厚厚的冰层和积雪。

复杂多变的气候

由于海拔较高、位置特殊，阿尔卑斯山形成了独特的气候特征。山脉的北部和东部位于西风带，夏凉冬暖，夏季降水充沛；南部地区则正好相反，冬季温和湿润，夏天干燥炎热。由于气候复杂多变，这里的植被也呈现出明显的变化，从丘陵到山顶依次是夏绿阔叶林带——山地针阔叶混交林带——山地暗针叶林带——高山灌丛草甸带——亚冰雪带——冰雪带。因为山地垂直自然带的分布，这里的种植业也呈现出不同的风貌：

阿尔卑斯山的秋天 气温稍凉，但空气特别清新，适宜各种农作物的生长。而在阿尔卑斯山海拔较低的地方，气候温和、湿润，所以这里的植被都很茂盛。

在山麓南翼的山地地带分布着广泛的果园，盛产葡萄、苹果、樱桃等水果；在低谷地和低海拔地区分布着谷类和玉米；在海拔1200～1900米的地方，小麦、大麦等农作物广泛种植；海拔1600米以上的高山地区还可以开辟高山牧场。

群峰林立

阿尔卑斯山脉群峰林立，平均海拔1800～2400米，许多山峰的海拔都超过3000米。在这些大大小小的山峰中，尤为引人注目的是位于法国和意大利边境上的勃朗峰，它海拔4807米，是阿尔卑斯山脉的最高峰。"勃朗"在法语中是"洁白"的意思。整座山峰终年积雪不化，从远处望去，银白如玉。勃朗峰周围还有许多海拔稍低的山峰，它们好似锋利的刀剑，簇拥着勃朗峰，直插云霄，蔚为壮观。跨过勃朗峰向北挺进，在瑞士中南部的劳特布鲁恩谷地，矗立着一座异常美丽的山峰。峰顶覆盖着晶莹的白雪，几道冰川顺峰而下。站在山下远远望去，整座山峰就像一个披着银发、婀娜多姿的少女，因此被称为"少女峰"。峰脚下，阿莱奇冰河蜿蜒流过，好似一条冰雪巨龙，给这座美丽的山峰围上了一条洁白的玉带。

马特峰 是阿尔卑斯山在瑞士境内的一部分，它有四条山脊，附近又没有别的山峰，从远处看就像一座巍峨的金字塔。

艾格尔峰、教士峰、少女峰 曲折绵延，是阿尔卑斯山在瑞士境内最美的一段。

高山生灵

今日的阿尔卑斯山是第三纪冰河时期的产物。冰河作用不但磨蚀了山壁，更拓宽了山谷，稠密的水道网络形成了山区生命的源泉以及迁徙的路径，为无数生物提供了繁殖、栖息、藏匿和觅食之地。这里生活着大量典型的阿尔卑斯动物，包括野狼、山猫、棕熊和秃鹰等。坐落在海拔727米高处的阿尔卑斯山动物园，是欧洲海拔最高的动物园，这里生存着阿尔卑斯山的150多种动物，包括秃鹫、野牛、狗熊、羚羊等。另外，这里还有全世界独一无二的冷水鱼池，生活着许多稀有的当地鱼种。园中的动物全部采用放养式，狐狸、猫头鹰、狼、鹿、水獭等小动物随处可见。

生活在阿尔卑斯山地区的雄鹿 是一种大型鹿科动物，它们每年冬天都会向阿尔卑斯山的山谷深处迁徙，以躲避风寒。

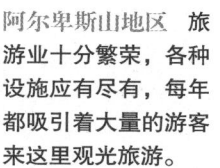

阿尔卑斯山地区 旅游业十分繁荣，各种设施应有尽有，每年都吸引着大量的游客来这里观光旅游。

度假的天堂

阿尔卑斯山的景色十分迷人，有许多世界闻名的风景区和旅游胜地，吸引着来自世界各地的登山者和旅游者。近百年来，这里已成为休假和疗养的场所。夏天，这里是避暑胜地；冬季，这里是运动之乡。

高加索山

亚欧边界的脊梁

高加索山屹立在亚欧两洲之间，西濒黑海和亚速海，东临里海，它自西北向东南延伸，形成大高加索和小高加索两列主山脉，包括山麓地带在内占地44万平方千米，是一个自然生态多变化的地区，被称为"亚欧边界的脊梁"。

波澜壮阔的亚欧边界线

高加索山脉的很多山峰绝对高度都超过了5000米，其中，简称"厄峰"的厄尔布鲁士峰，是大高加索山群峰中的"龙头老大"，高达5633米，它位于高加索的中央，在群山环伺之下，显得出类拔萃、卓尔不群。

由于位处高纬度地带，高加索山积雪和冰川对地形的侵蚀很强烈，巨大的冰斗耸立于山腰，成了薄如刀刃的山脊，颇有"倚天宝剑"的神韵。在山顶处，积雪堆高加索山脉的东南峰主要由石灰岩构成，是典型的喀斯特地貌。西北峰则主要由火成岩构成，地势较高，由于流水的侵蚀形成了许多洞穴。

英雄的火种

在神话故事中，那位令人钦佩、令人同情的人类保护神——普罗米修斯就被缚在高加索山上，也是在这里，照耀人类历史的火种，带着英雄的豪迈与不屈流传了下来。在英雄与史诗远去的时候，高加索山也并不寂寞，旅客们的徜徉与攀登成就了这里的另一番景象。选择在高加索旅游、度假，不仅可以享受波澜壮阔的美景，还有温泉的洗礼以及英雄的故事在灵魂中震撼的思考和回味。

「在山顶处，积雪堆压着群山形成一条连绵的飘带，沿山脊起伏几千米……」

在黑海南岸 高加索山脉的褶皱向西延伸，在土耳其境内形成了高大的彭堤克山。

压着群山形成一条连绵的飘带，沿山脊起伏几千米，在阳光照耀下，颇为壮观。而在古冰川的底部，细流常常汇集成碧波荡漾的圆形湖泊，景色绮丽迷人。

生命的乐土

与当今司空见惯的人类破坏自然资源的现实相比，高加索可以称得上是一片生命的"乐土"了。高加索山的植被呈典型的垂直分布，从山麓到山顶依次生长着落叶林、冷杉、白桦树、高加索杜鹃和灌木丛等。人迹罕至的高加索也是动物的天堂。棕熊、高加索鹿、狍、欧洲野牛、岩羚羊、水獭、黑鹳、金鹰、短趾鹰在这里自由自在地繁衍着。高加索最使人惊叹之处要数光怪陆离的昆虫世界，记载表明该地有2500种昆虫，但实际上的数目比记载的两倍还要多。

高寒地区的"夏都"

沿高加索山脉有一处奇妙的景观，那就是被称为俄罗斯"夏都"的索契。索契位于黑海沿岸，高加索山脉几乎完全挡住了来自北方的冷空气，因此这里气候温暖湿润，四季如春，夏季不超过30℃，冬天在8℃左右，是地球最北端唯一一块属于亚热带气候的地区。这里有含氢硫化物的马采斯塔矿泉，温度为22℃，它的医疗特性在古罗马时代就远近闻名。目前，这里已经成为了俄罗斯的旅游胜地。

高加索山 是欧洲东部的天然屏障，包含由中间凹地分隔开的两条平行的支脉。

维苏威火山

美丽面纱掩映下的残酷

维苏威火山位于意大利那不勒斯市的东南方，火山静静地矗立在那不勒斯湾的后面，从高空俯瞰，巨大的火山口近乎于圆形，不时冒出缕缕白色的轻烟，如梦境一般美丽。可是，就是这样美丽的外表下却是一副残暴的面孔，曾经有两座城市、几万个生命被它吞噬、埋没了近2000年。

火山喷发物含有丰富的养分　为当地的农业生产提供了有利的条件，在维苏威火山的山脚下，遍布着浓密的植被。

维苏威火山　海拔1277米，是欧洲大陆唯一的活火山。它的火山口周边长约1400米，深216米，基底直径超过3000米。

火山灰下的城市

历史上,古罗马曾经有两座著名的古城——庞贝城和赫库兰尼姆城。可是,自公元1世纪末,关于这两座城市的记载突然从历史上消失了。直到1713年,一位工人在挖井的时候,偶然掘出来一些石碑和大理石的希腊神像,从而引起了大规模的地下挖掘工作。挖掘工作一直持续了150年,直到1890年,这两座古城的历史风貌才逐渐呈现在人们的面前。这两座城市所以被埋于地下,就是维苏威火山带来的巨大灾难。公元79年8月24日,沉寂了2000年的维苏威火山突然爆发,火山喷出的岩石碎屑四处飞溅,浓浓的黑烟夹杂着大量滚烫的火山灰铺天盖地降落到两座城市上,将它们笼罩在一片黑暗当中。随之而来的是滚烫的岩浆和巨大的泥石流,它们以每小时100千米的速度迅速地涌向这两座城市,只经过短短的18个小时,两座拥有几万人口的城市就被吞噬得无影无踪了。

庞贝城 是一座典型的古罗马建筑,城市的街道规划得很整齐,像围棋盘一样井然有序。

休眠的维苏威

今天,如果我们有机会来到维苏威火山,很难想象,1900多年前的那场巨大的灾难就是从如今这个富饶、安详的地方降临到周围的地区的。如今的维苏威火山口附近,由于大量的火山喷发物使得这里的土壤十分肥沃,遍布山麓的葡萄园、柑橘园使这里充满了勃勃的生机。只有从火山口冒出来的几缕蒸汽提示我们火山存在的迹象。意大利政府把这里开辟为专门的旅游区,从那不勒斯湾到山脚下,一条登山缆车可以直达山顶,让人们乘坐缆车便可亲眼见到火山冒烟的奇观。 但这不能说明从此以后维苏威火山就会安静下来,事实上,在那次灾难以后,维苏威火山又爆发了10余次,最近的一次是在1944年。目前,火山正处于爆发结束后的一个新的沉寂期。

这是从庞贝城发掘出来的太阳神阿波罗的雕像。这座雕像精美绝伦,显示了当时庞贝人高度发达的雕刻技术。

> **历史的标本**
>
> 庞贝城已经重见天日了,穿行于这座有着近2000年历史的古城,参观者可以清晰地看到当时古罗马人的生活状况:古老的街道、圆形的剧场、壮丽的寺院、美丽的壁画和生动的雕塑,好像一幅幅历史的标本,向人们诉说那个时代的生活。

埃特纳火山

欧洲西部的"高危险区"

在意大利南部的西西里岛上,耸立着一座独立的黑色锥形山峰,它常年喷烟吐火,从未间断,因此被意大利政府列为"高危险区"。尽管这样,它独特的风采依然吸引着大量的游客来此参观,它就是著名的埃特纳火山。

蠢蠢欲动的火山

粗看起来,埃特纳火山与一般的山峰没有什么区别。但如果仔细观察就会发现,山脚下的火山灰就像一层厚厚的炉渣,凝固的熔岩随处可见。站在火山之巅,能感觉到脚底下的火山在微微颤动,这就是典型的火山性震颤。根据当地火山监测站的工作人员的观测,每天下午两点左右是火山震颤的最高峰。除此之外,山体上还遍布着各种大大小小的喷气孔,喷气孔旁边经常有黄色的硫磺析出沉淀。这种种现象都说明埃特纳火山的活动性仍然十分强烈,它依旧蠢蠢欲动。

最活跃的火山

埃特纳火山是地球上最活跃、也是

埃特纳火山 最近的一次喷发是在2002年的10月,从火山口喷发出来的熔岩以每小时1000米的速度向下倾泻,吞没了大片的房屋和森林。

按人的意志流动

意大利政府在海拔2150米的熔岩主流道壁上炸出了一个缺口,从这个缺口到火山口挖出一条人工渠道,然后利用人工爆破的方法将从缺口流出的熔岩经人工渠道引入死火山口,使得火山的熔岩按人的意志进行流动,从而避免了因火山喷发造成的巨大灾难。

被记录最早的火山之一,从公元前1500年起,人类就有关于埃特纳火山的活动记载。据记载,到目前为止,火山爆发的次数已经超过了500次。埃特纳火山最猛烈的喷发是在1669年,那次喷发的场面十分可怕,滚烫的熔岩从山口喷洒而下,淹没了

「火山口还终年冒着浓烟,晚上可以清楚地看到烟云上回照的熊熊火光……」

14座城市,造成了2万余人丧生。喷发共持续了4个月,喷溢出来的沙子和火山灰等堆积物形成了一个高达137米的大山头。19世纪以来,火山的爆发更加频繁,爆发时红色的熔岩从火山口中喷出,烟火飞腾,映红天际。到了夜晚和凌晨,烟雾和熔岩与山下城市里的灯光交相辉映,形成了一道独特的景观,吸引着世界各地的游客前来参观。

火山带来的福音

尽管埃特纳火山爆发频繁,但在它的山麓及其附近地区仍然聚居着几十万居民。似乎他们与这座火山有着不解之缘,这是为什么呢?原来,火山灰堆积起来的肥沃的土壤为当地的农业生产提供了非常有利的条件,山脚下遍布着稠密的葡萄园、橄榄林、柑橘种植园,由当地出产的葡萄酿成的葡萄酒更是远近闻名。另外,火山喷发的奇景也为那里旅游业的发展提供了良好的契机:由烧焦的火山石搭成的房屋、围墙呈现出一片黝黑的奇特景象;火山爆发休止时,火山口还终年冒着浓烟,晚上可以清楚地看到烟云上回照的熊熊火光。这些奇妙的景色吸引着成千上万的游客的观光,为当地的经济注入了新的活力。

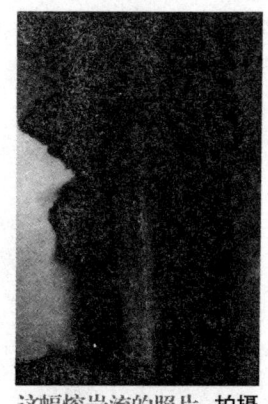

这幅熔岩流的照片 拍摄的是埃特纳火山1979年喷发时的景象。

埃特纳火山 海拔900~1980米的地区是森林带,那里树木葱绿,主要树种有山毛榉、栎树、松树、桦树等,为当地提供了大量的木材。

山岳篇 41

富士山

樱木环绕下的

富士山位于日本本州岛的南部，是日本最高的山峰。"富士"来自日本的少数民族语言虾夷语，意思是"火之山"。富士山海拔3776米，山顶是皑皑的白雪，山脚下是绚烂的樱花，是日本人民心目中的"圣山"。

河口湖是富士五湖的门户，在这里可以总览富士山的全貌及其在湖中的倒影。湖畔还种植着大量的熏衣草，吸引着许多游人前来观光。

对称的休眠火山

富士山是一座年轻的休眠火山，从远处看，富士山呈现出完美的正圆形，高耸在蓝天之下，屹立在群峰之中。但严格说来，富士山并非完全对称的，它的各处山坡向上的坡度稍有不同，山体不是汇集在峰顶的一个点上，而是分布在一条曲折的平行线上。富士山的熔岩黏度适中，喷火口和下面的通道比较恒定，火山灰和熔岩依次堆覆，呈现出明显的层次。据史料记载，富士山至少喷发过18次，最后一次喷发是在1707年。从那以后，火山一直处于休眠状态，但每年仍发生10次左右轻微的火山地震，有些地方还在向外散发着热气。一首脍炙人口的诗讴歌了富士山的庄严和美丽："仙客来游云外巅，神龙栖老洞中渊。雪如纨素烟如柄，白扇倒悬东海天。"

富士山美景

作为民族的象征，千百年来，富士山一直是日本最著名的旅游胜地。山脚下，广阔的湖泊、瀑布和茂密的原始森林构成

日本人民 把富士山当作"灵峰"、"圣山"，把樱花当作"神木"、"国花"，每年，在樱花盛开的时节，男女老幼和大批的外国游客都集中在这里，观赏美景。

保护富士山

近年来，富士山每年约有30万吨山泥塌流失，如果任其发展下去，这座高峰将会变得面目全非，另外，在山麓西南坡的大裂缝也在逐年扩大。为此，日本有关方面采取了很多措施，来保护这座美丽的"圣山"。

了一幅绝美的风景画，富士五湖环绕其中，湖光山色，美丽绝伦。这里一年四季都美不胜收。春天，湖畔樱花盛开，碧绿的湖水同各色的樱花交相辉映，宛如花的海洋；夏天，山顶云雾缭绕，景色变化很快，是观赏日出的最好季节；秋天，满山红叶铺天盖地，呈现另一番绮丽景色；冬天，富士山头戴巨大的雪冠，远在100千米以外的地方都能看到。由于火山口的喷发，富士山在山麓处还形成了无数山洞，有的山洞至今仍有喷气现象。

富士山脚下的湖泊 是由于火山喷发后的熔岩阻断了水流的去路而形成的。

「从远处看，富士山呈现出完美的正圆形……」

喜马拉雅山

冰 雪 的 家 乡

喜马拉雅山是世界上最雄伟高峻的山脉，它西起帕米尔的南迦帕尔巴峰，东到南迦巴瓦峰，全长2400千米，在地球上形成了一条鲜明的地理界限。喜马拉雅山群峰林立，终年覆盖着厚厚的积雪，"喜马拉雅"在梵语中就是指"冰雪的家乡"。

喜马拉雅山 是由于印度板块和亚洲板块相撞而形成的，两个板块碰撞的缝合线，大致在今天的雅鲁藏布江河谷一带。

由于地势高寒 喜马拉雅山发育了许多规模巨大的现代冰川。雪线以下，冰塔林立，相对高度可达40~50米。

喜马拉雅山的形成

喜马拉雅山是地球上最年轻、最高大的山脉，它是由许多平行的山脉组成的，中间有许多狭长的深谷。喜马拉雅山脉的平均海拔在6000米以上，其中有10座山峰超过了8000米。在距今1亿5千万年以前，喜马拉雅地区还是烟波浩淼的古地中海的一部分。直到5000万年以前，印度板块不断北移，最后和亚洲大陆板块相撞，使古地中海东部的海底受到挤压，产生褶皱，才形成了这个高大的山脉。这一板块运动在地质史上被称为"喜马拉雅造山运动"。至今，喜马拉雅山还在缓慢地升高中。

喜马拉雅山十分高大 据科学家的估计，如果把喜马拉雅山的岩石全部打碎，平铺在地球的表面，能使地面高出18～20米。

陆地上的海洋生物

科学工作者在喜马拉雅地区发现了大量的古海洋动植物的化石，如三叶虫、笔石、珊瑚、海百合等，这些都证明在远古的年代，这里确实是一片汪洋大海。

山脉风光

喜马拉雅山区有许多规模巨大的现代冰川。雪线以下的数百千米范围内，冰塔林立，其间夹杂着幽深的冰洞、曲折的冰面溪流，景色奇特。喜马拉雅山脉南面陡峭，而北坡较平缓。南面高出恒河、印度河平原6000～7000米，构成一道巨大的天然屏障。由于南坡面临印度洋西南季风，所以降雨充沛，林木茂密。而喜马拉雅山北面，以缓坡和藏南谷地相接，宜农宜牧，成为藏族人民的生活聚集地。

喜马拉雅造山运动 至今还没有停止，据1862～1932年的测量，许多地方平均每年上升18.2毫米，如果按照这个速度上升，1万年以后，它将比现在高182米。

落基山脉

北美洲的脊骨

落基山脉是世界上最壮观的山脉之一，北起阿拉斯加，穿越加拿大、美国，在墨西哥消失。整座山脉犹如一条巨龙腾空而起，自北向南绵延起伏几千千米，几乎纵贯整个北美大陆，被许多地理学家称为北美洲的脊骨。

落基山脉 属于科迪勒拉山系的东部山脉，平均海拔2000～3000米。

山脉的形成

落基山脉经历了长达1亿年的形成过程，演绎了一部壮观剧烈的地貌变迁史。起初，它是一片巨大的地槽区，直到白垩纪初期还是一片碧波荡漾的浅海，在这里，各种各样的生物自由自在地生活着。

后来，这个地区开始不断地上升，最终由海洋变成了陆地。为了生存，各种生物与大自然展开了一场殊死的搏斗，有的活了下来，有的却从这个星球上永远消失了。

紧接着，这一地区发生了排山倒海般的大规模造山运动，被压抑了几亿年的岩浆，此刻突然冲出地面，照亮了这片沉寂的土地，许多动物吓得到处逃窜。地壳随之发生了强烈的褶皱与压缩，山脉隆起，形成巨大的花岗岩山系。

怒火平息后，群山又遭到冰川的侵蚀，留下了陡峭的角峰、冰斗、槽谷等冰川地貌。经历了这场漫长的造山运动后，落基山终于巨人般屹立在了辽阔的北美大地上。

落基山脉 是北美大陆重要的气候分界线，对极地太平洋气团东侵和极地加拿大气团西侵起屏障作用，使得紧靠山脉的大平原地区气候湿润多雨。

「纯净的史前冰川以及一望无垠的浓密的白杨、松树、云杉林等景观……」

落基山国家公园群

　　落基山国家公园群位于加拿大西南部,包括贾斯珀、班夫、约霍、库特奈四座不同的公园。其中班夫国家公园创立于1885年,面积约6680平方千米,是加拿大第一个也是最古老的一个国家公园。公园内各类生态地貌林立,有巍峨的落基山脉、纯净的史前冰川以及一望无垠的浓密的白杨、松树、云杉林等景观,居北美大陆之冠。公园中部的路易斯湖,风景尤佳,湖水随着光线的深浅由蓝变绿,形成一片如翡翠一般碧绿的美景,因此又被称为"翡翠湖"。湖的后面是终年积雪的维多利亚山,蓝天、冰雪、山岩、树木倒映在湖面上,构成了一幅娴静的画面。沿着

贾斯珀国家公园　是加拿大落基山公园群中最大的一座,占地10878平方千米。公园西部的罗布森山海拔3954米,是公园内的最高峰。

湖光山色

　　国家公园内的山脉都很年轻,大约形成于7000万年以前。嶙峋的山峰与流动的冰川在这里形成了奇特的对比。巨大的冰川从冰原上缓缓滑下,把巨大的岩石磨为粉末,覆盖在纯净的冰湖上,把湖水映照得如同璀璨的宝石。

弓箭河 是班夫国家公园内最长的一条河，流域面积达2210平方千米，沿河两岸生长着茂密的树林。

落基础山脉，还有许多这样的湖泊，它们犹如一颗颗珍珠，把静静的群山点缀得生机勃勃。山脚下，静静的鲍河穿园而过，大量棕熊、美洲黑熊、驼鹿、山地狮等动物悠闲地在园中觅食，繁衍生息。人与自然的和谐相处在这里得到了最好的印证。

丰富的物种

落基山奇特的地貌孕育了丰富的物种，这里遍布着多姿多彩的植物和大量的野生动物。植物以高山林木为主，山脚下，茂密的枞树林、云杉等围绕着波光粼粼的湖泊，给人一种恬静的感觉。随着海拔的升高，阔叶林变成了针叶林，再往上，冰雪和岩石逐渐成了主角，但其间还是夹杂着大量的苔藓、地衣等植被。让人惊异的是，这里竟然还有黄色的冰川百合从融雪中露出头来，为高山增添了几许妩媚。这里也鸟类的天堂，园区中大约有225种鸟类，大到鹫鹰，小到蜂鸟，在林中舞蹈、觅食。另外，这里还有56种哺乳动物，其中最常见的是麋鹿和大角羊，无论是在林间、道路旁边或是园中的公路上，你都可能和它们不期而遇。

美洲黑熊 分布范围从墨西哥高原北部向北至北美大部地区。其体形大而粗圆，体长1.37～1.88米，体重220～270千克。

冰原

　　冰原是落基山脉最大的一处冰雪区，面积约389平方千米。它是远古巨大冰原的残余部分，属于哥伦比亚冰原中视野最开阔、气势最宏伟的一部分。厚重的哥伦比亚冰原好像是陆地的分界线，横跨在公园的边缘，在冰原环抱的地貌中，那些巍峨的山峰即使在炎热的夏季也依然头顶白雪。由于冰层密度极高，阳光无法折射，这里的冰原便呈现出晶莹剔透的蓝光，在晴空下显得十分瑰丽。由于加拿大经历过四次主要的冰河时期，因此，从哥伦比亚冰原到贾斯珀公园，整个山区都被一层厚厚的冰块封住，到这里的游客只能乘坐飞机穿越公园这部分的上空，欣赏这难得一见的奇景。

位于美国怀俄明盆地以南的南落基山　是由两组南北方向的平行山脉组成的，其中海拔4200米以上的高峰有48座，是整个落基山脉中最雄伟的部分。

落基山脉　是北美大陆最重要的分水岭，北美几乎所有的大河都发源于此。山脉以西的河流属于太平洋水系，山脉以东的河流分属北冰洋水系和大西洋水系。

北喀斯喀特山

火 山 集 中 营

北喀斯喀特山位于美国华盛顿州西北，向北延伸，一直绵亘至加拿大不列颠哥伦比亚省的南部。山脉的大部分为熔岩和火山喷发物所覆盖，尤其在南段，火山锥林立，是名副其实的"火山集中营"。

北喀斯喀特山 的绝大部分地区都是寒带荒原，北美最大的冰川埃蒙斯冰川就位于山脉的北部。

北喀斯喀特公园内湖泊密布 湖泊均由冰河形成，多达40余处。园内还有20多种树木，包括松、柏、冷杉、铁杉等。每当春夏两季，满园葱郁；入冬后，白雪初降，银装素裹，又别有一番情趣。

北喀斯喀特国家公园

北喀斯喀特国家公园是喀斯喀特山著名的旅游胜地之一，被美国人称为"最壮美的阿尔卑斯"。公园于1968年建立，占地面积2738平方千米，平均海拔1600米。公园以高山景观见长，拥有数以百计的冰瀑、高峰、峡谷和湖泊。茂密的高山冷杉一直绵延到山顶，斯卡吉特河从公园中部横贯而过，山光水色，秀丽动人。公园分为两部分，南部荒原区位于海拔2660米的埃尔多拉高地上，覆盖着大面积冰川。经过

北喀斯喀特山 自南向北逐渐增高，山脉大部分为熔岩和火山喷出物覆盖，其中段被哥伦比亚河切割成深深的峡谷。

风吹雨打的片麻岩突兀嵯峨，山间小路崎岖曲折，人们可以步行或骑马到此观光。北部荒原区潮湿阴冷，夏季多雨，冬季飞雪，群山常常隐没在迷蒙的云雾之中，充满了神秘的色彩。

其兰湖区

其兰湖位于北喀斯喀特山的东南山脚，是华盛顿州最大的湖泊。这里四周都是高山，冬季又十分漫长，许多山头终年都覆盖着皑皑白雪，湖光山色使这里成为北喀斯喀特地区有名的旅游胜地。由于地处华盛顿州的中部，又有高山的阻挡，因此和其他地区比较起来，这里终年艳阳高照，气候宜人，而这种少阴雨多日晒、昼夜温差大的气候又为这里的种植业创造了优越的环境。

野生动物保护区

北喀斯喀特国家公园是一个野生动植物保护区，这里的山区有许多北美洲特有的动物，像熊、美洲豹、麋鹿、狼獾、秃鹰等。栖息于苔原和冻土地带的雪鸮更是这里值得一提的珍贵物种。

哈莱亚卡拉火山

太阳升起的地方

美国夏威夷群岛中的毛伊岛首府东南65千米处,有一大片荒凉之地,那里矗立着世界上最大的休眠火山——哈莱亚卡拉火山,"哈莱亚卡拉"在夏威夷语中是"太阳之家"的意思。

哈莱亚卡拉火山口 是许多次火山喷发和长时间的风、雨以及流水侵蚀作用后的产物。

火山风光

毛伊岛是夏威夷群岛中的第二大岛,面积1888平方千米,常住居民约91万人。毛伊岛以其秀丽的山谷著称于世,所以又被称为"山谷之岛"。在远古的地质年代,毛伊岛曾经是两座各不相连的小岛,后来随着频繁的火山运动,喷涌的岩浆不停地堆叠积累,终于把两座小岛连接在了一起,形成了现在的地貌。哈莱亚卡拉火山就坐落在东毛伊岛上,火山口深800米,周边长34千米,火山口附近一片荒凉,到处是奇形怪状的熔岩和色彩斑斓的火山渣。火山口的底部还散落着许多火山岩"炸弹",其实那都是冷却落地的熔岩碎片。其中最高的火山锥高出地面300多米,有两条山径相通。1961年,美国政府在这里成立了国家公园。在铺满黑色火山岩的火山口处观看日出是到毛伊岛旅游的最佳选择之一。

夏威夷雁 又叫夏威夷鹅,是一种不会迁徙的陆栖鹅,十分罕见。它体长约65厘米,长有灰色和褐色的羽毛,翅膀较短,脚上长有蹼。

「火山口附近一片荒凉，到处是奇形怪状的熔岩和色彩斑斓的火山渣……」

公园生态

由于地处火山口，公园内大多数地区几乎寸草不生，但其东北角却雨量充沛，是树木、草和蕨类植物生长的绿洲。那里有罕见的银剑，这种奇异的濒危植物有既高且肥的茎，叶上面长着发亮的茸毛，能反射炽热的阳光。其植株形似莲座，可防止根部白天过热、夜间冰冻。这种植物的生长期需要7～40年，每隔10～15年才开一次花，花呈紫色，花管可长到一人多高，堪称花中一绝。最为奇特的是，花谢之日即为枯萎之时，让人不禁为之惋惜。公园里禽鸟极多，并且品种繁杂，有罕见的夏威夷雁等。夏威夷雁曾经是毛伊岛的常见动物，但后来被游客带入岛内的鼠之类的

火山的喷发 造就了毛伊岛上多变的风光，有些地区干旱、荒凉，寸草不生；有些地区却终日湿润、多雨，长满高大的热带植物。

动物消灭了。直到20世纪60年代，经过人们的精心哺育，它才又开始在这里繁殖和生长。火山口外坡的高山沼泽下方，绿色植物非常茂盛。沿东坡向下伸展的基帕胡卢谷风景秀丽，长有茂密的雨林和竹丛，每年都吸引着大批游客来此观光旅游。

普·奥·穆伊火山锥 是哈莱亚卡拉火山中最高的火山锥，高出地面300多米，周围支路如网，和主火山相连。

维龙加山脉

火 山 的 家 乡

维龙加山脉是民主刚果共和国、卢旺达和乌干达三国的交界线。在这座绵延只有百余米的山脉上矗立着8座火山,是世界上最著名的火山群之一。至今,这里的许多火山口的熔岩还在活动,使这里成为名副其实的"火山的家乡"。

在维龙加山脉西北部 海拔300米以上的地方生有大片竹林,是一些高山生物的家园。

位于维龙加山脉西端的尼拉贡戈火山 形成还不到2万年,是地球上最年轻的火山之一。

尼拉贡戈火山

尼拉贡戈火山位于维龙加山脉西端，是非洲最危险的火山之一。尼拉贡戈火山火山口直径2000米，深244米。从诞生至今，尼拉贡戈火山一直保持着活动的状态，每天释放出来的二氧化硫气体达数万吨。

尼拉贡戈火山的山顶火山口内还有一个活动的熔岩湖。那里烈焰飞腾，摄氏上千度高温的岩浆蠢蠢欲动。与其周围低平的盾形火山不同，尼拉贡戈火山为具有陡坡的层状火山，大约100座寄生锥呈放射状分布在火山的裂隙，山顶的东部，以及沿东北－西南带扩展到基伍湖的地区，许多火山锥都被侧向溢流的熔岩流埋葬了。

2002年1月17日，尼拉贡戈火山再度爆发，附近近10万居民被迫逃离家园，进入卢旺达吉塞尼镇。尼拉贡戈火山这次喷发出的岩浆不是从火山口流出的，而是从山坡上的三个裂口流出，岩浆摧毁了沿路数十座房屋。

山脉的低海拔处分布着大量的沼泽 遍布着纸莎草和芦苇的沼泽地是大象等野生动物的理想栖息地。

维龙加国家公园

维龙加国家公园坐落在东非大裂谷的大断层陷落带，横跨赤道线。生态环境的多样性是维龙加国家公园的最大特征。公园内既有灌木和乔木杂布的草原景观，也有纸莎草和芦苇遍布的沼泽地，还有遮天蔽日的热带雨林以及分布在山坡上受山地气候影响的山地森林。此外，公园内还分布着繁盛的竹林。如此丰富多彩的植被分布，使维龙加国家公园享有"非洲缩影"的美称。 由于维龙加地区拥有复杂的植被及多样的生态系统，许多习性不同的动物都能在这里找到适合于自己的生存环境。大象、野牛、豹子等经常出没于森林之中，有时甚至还来到竹林地带觅食、活动。同时这里还为一种濒临灭绝的珍稀动物——山地大猩猩提供了良好的生活环境和丰富的食物来源，使这种在其他地方已不多见的动物能在这里繁衍生息。

尼拉贡戈火山口内有两层环形台地 代表了前几次喷发时岩浆曾经到达的高度，如今，平台已经不见，而是形成了独特的森林生态。

鲁文佐里山

梦中的月亮山

横跨民主刚果共和国和乌干达边境的鲁文佐里山，是南美洲四大热带冰原之一。这里雪峰耸峙，云雾缭绕，山间隘口遍布，峡谷穿插，山坡森林密布，整座山脉散发着奇异的光芒，仿佛笼罩在一片白色的梦幻之中，因此当地人称之为"梦中的月亮山"。

变化多端的生态环境

鲁文佐山特殊的地理位置，形成了它独特的气候区域。鲁文佐里山山脚下是茂密的草地，沿山而上，一直铺展到1500～2000米的中麓。在那里，草地让位于高大的森林，雪松、樟树、罗汉松是其中的优势树种。随着高度的增加，到2400米以上，森林又被竹林所取代，竹林生长得非常密集，以至于连阳光都穿不透。3000米以上是亚高山沼泽地带，苔草和粗劣的生草草地以及有刺柏组成稀疏的林地。同

鲁文佐里山 是一个死火山群，山顶经年云雾缭绕，不见天日。

奇特的地质构造

鲁文佐里山是一座十分年轻的山，是由一块巨大的陆地向上抬升，然后剧烈倾斜而形成的。山的表面覆盖着大量的云母片岩，在阳光的照射下闪闪发光。六座山峰直插云霄，中间有隘口和深河谷相连。河谷上游巨大的冰川和小湖把整座山装点成了一个梦幻之地。

时，地表还装饰着彩带般的苔藓、欧龙牙草、蕨类以及地衣，整体气候潮湿温润。再往高处，4270米以上是由湖泊、冰斗湖、冰瀑和独特的植物群组成的高山带。

火山喷发后形成的氤氲的雾气 使得鲁文佐里山常年温暖湿润，适于各种高大的植物生长。1994年，这里被联合国教科文组织列为世界自然遗产。

复杂多样的动物

鲁文佐里山是非洲为数不多的有永久性冰川覆盖的山脉之一。山上的气候随着山体高度和朝向的变化而变化，因此形成了一个适合多种动物生存的复杂多样的地区。这里生活着不少于37种的鸟类和14种蝴蝶，其中包括奇异的红头鹦鹉和蓝冠蕉鹃。在浓密的森林里，常常可以看到它们像一道彩色的闪电从眼前划过。除了这些娇小美丽的鸟，鲁文佐里山区也生活着大量的猛禽，黑雕、鹰隼在森林的上空滑翔，仿佛在向人们昭示它们空中的领导地位。同时，高大的森林也是哺乳动物的栖息地，成群结队的黑犀牛、非洲象、小羚羊在布满水草和沼泽的林间空地觅食，黑疣猴、白疣猴、肯尼亚林羚在林地中游荡。其中最著名的要算山地人猩猩，它是该生态条件下的特有物种。山地大猩猩是

蓝冠蕉鹃 原产于非洲，体形较小，只有40厘米左右，因其背部的羽毛为漂亮的蓝色而得名。

一种温和的动物，主要以植物的嫩芽和木髓为食。但是，目前它们正在遭受人类的直接迫害和家园的逐渐丧失双重灾难，尚存的已不足400只，处于高度濒危状态。

鲁文佐里山 优越的自然条件使得许多大型的野生动物得以在这里繁殖生息，非洲象就是其中最著名的一种。

蓝山山脉

通往自由的道路

蓝山山脉位于澳大利亚新南威尔士州大分水岭的一段,之所以得名蓝山,是因为该山上种植着大量的桉树,这些桉树在阳光的照射下可以挥发出一种蓝色的气体。蓝山山脉曾经是一座不可逾越的障碍,那时有一个奇怪的谣传,说自由就在山的那一边,只要翻过这座山就可以找到自由。

蓝山山脉国家公园

  蓝山山脉国家公园占地1989平方千米,是澳大利亚著名的旅游胜地。整个公园以格罗斯河谷为中心,峰峦陡峭,涧谷深邃。公园里生长着大面积的原始丛林和亚热带雨林,其中桉树最为知名,一眼望去,满目翠绿。澳大利亚的物种多样性在这里得到了最好的体现。公园里有超过90种桉叶类植物,包括具有明显地域特征的进化了的古代遗留物种。此外,公园气候宜人,曲径迤俪,到处是深深的峡谷。

蓝山山脉地区 拥有1.03万平方千米的砂岩平原、陡坡峭壁与峡谷,是澳大利亚一处著名的旅游胜地。

在蓝山国家公园中,至今还保存着当年欧洲移民历经千辛万苦到达这里后种植的纪念树和早期流放囚犯的监狱。

三姐妹峰　距悉尼约100千米，峰高450米，周围景色秀丽。

模仿专家——琴鸟

琴鸟是蓝山山脉一道独特风景，因雄性琴鸟的尾巴酷似竖琴而得名。琴鸟非常聪明伶俐，可以惟妙惟肖地模仿上百种鸟类或其他动物甚至人类的声音，尤其雄性琴鸟更胜一筹。据当地的林业工人讲，它们甚至可以模仿电锯锯木头的声音。

三姐妹峰

　　三姐妹峰位于蓝山山城卡通巴附近，在靠近贾米森峡谷的地方，三块巨石如春笋拔地而起，犹如三个并肩站立的少女，因此得名三姐妹峰，是当地土著人的文化见证。关于这三座山峰还有一个美丽的传说。据说在很久以前，一个部落的首领有三个漂亮的女儿。有一年，部落里爆发了战争，为了使女儿免受战争的迫害，首领请求部落里的巫师把三姐妹变成了三块石头，他希望等战争结束时再使她们复活。可是在战争中，巫师把用来将三姐妹变回原样的魔骨丢失了，所以她们再也无法变回人形，只能化为石头永远地屹立在了蓝山山顶。传说琴鸟就是巫师的化身，他仍在不停地寻找丢失的魔骨，以求能恢复三姐妹的真身。

吉诺兰岩洞

　　在蓝山山脉中有许多美丽的溶洞，其中吉诺兰岩洞是最为壮丽的一个。吉诺兰岩洞是经过亿万年的地下水冲刷、侵蚀而形成的。它最奇特的地方在于洞中有洞，深邃莫测。洞内有大量的钟乳石、石笋、石幔，它们在灯光的照射下闪耀着七彩的光芒，仿佛塑造了一个梦幻的光的世界。大自然在这里显示了它最为神奇的鬼斧神工，有的洞中钟乳石又尖又长，向下伸展与地上的石笋相接；有的洞中只有一个巨大的钟乳石，形成"擎天一柱"，气势非凡；还有些石笋巍峨而立，守卫着洞口。

吉诺兰岩洞　于1838年由欧洲人发现，1867年被澳大利亚新南威尔士州政府列为保护区。

「整个公园以格罗斯河谷为中心，峰峦陡峭，涧谷深邃……」

库克山

南半球的阿尔卑斯

在新西兰南部，有一个绵延64千米、最窄处只有20千米的狭长自然区，放眼望去，美丽的高山植物、此起彼伏的雪峰在这片美丽的土地随处可见，其中最引人注目的就是雄踞中部的库克山，它的海拔高达3764米，被称为"南半球的阿尔卑斯"。

「放眼望去，美丽的高山植物、此起彼伏的雪峰在这片美丽的土地随处可见……」

库克山

库克山是新西兰最高峰，也是大洋洲第二高峰，因此，又有人称之为"新西兰的屋脊"。据考古学家考证，库克山在1.5亿年前仍沉在海底，1亿年前地壳开始起了造山活动，经过漫长岁月不断重复着隆起和侵蚀的交替作用，再加上冰河的侵蚀，才造成了今日的地貌，使其成为一个崭新的地带。由于特殊的地质历史和较高的海拔，库克山的植被呈现出明显的垂直分布。海拔900米以下是山地林木带，这里森林茂密，林中多野兔、羚羊等小型动物，是理想的爬山狩猎场所；900～1300米为亚高山带，这里多为草地、灌木以及裸露的岩石；1300～1850米为亚高山草地；1850

石头与山峰的传说

根据毛利人的传说，天父和地母的孩子在造访人间时变成了石头，这些石头就是后来的库克山和南阿尔卑斯山脉中一些凸起的山峰。实际上，这些山峰是太平洋和印度、澳洲陆块在地壳的不断碰撞及侵蚀下形成的。

库克山 高入云天，山顶终年白雪皑皑，当地的毛利人称库克山为"奥伦基"，意思是"破云山"。

塔斯曼冰川 正以每天23~45厘米不等的速度缓缓地下滑。

~2150米为亚高山森林带；2150米以上为高山地带，这里寸草不生，多冰川、瀑布，间杂着玄黑色的岩石。

公园美景

1953年，新西兰政府在库克山区开辟出国家公园，库克山国家公园占地700平方千米，南起阿瑟隘口，西界迈因岭。公园内降水充沛，低地年降水量约为4200毫米，而在高山地区，由于高山融雪的影响，年降水量可以超过5000毫米。园区内终年积雪，3000米以上的高峰就有15座。山间多冰川、瀑布、河流、湖泊，景色尤其壮观。公园东边是塔斯曼冰川，长约29千米，宽达3.2千米，是世界上最长的冰川之一。由于冰川的不断移动，造成山体的碎石下滑，在冰川表面形成了无数的裂缝和冰塔。在阳光的照射下，整个冰川千姿百态，耀眼夺目。距离塔斯曼冰川不远，有两个宁静而美丽的湖泊，一个是石普卡基湖，一个是泰卡普湖。两湖的湖水源于冰川的融水，水色碧蓝中带着乳白，晶莹如玉，平滑如镜。

库克山 雪融之后的水流经几个湖泊，来到南坎特布利平原的威塔奇河，然后向东注入南太平洋。

埃里伯斯火山

南极大陆的火神

在冰天雪地的南极大陆，有一处奇特的地方，那就是埃里伯斯火山。1908年，澳大利亚地质学家戴维第一次登上山顶时，发现三个火山口不断地吐出蒸汽，并且伴有断断续续的轰鸣声，听起来让人胆战心惊，于是他形象地把这里称为"南极大陆的火神"。

漂浮的冰块 是从埃里伯斯火山下面的罗斯冰架上分离出来的，至今还在不断地漂移当中。

埃里伯斯火山 至今仍处于活动阶段，它曾于1900年和1902年有过两次喷发，形成了4个巨大的火山口。

地球最南端的火山

埃里伯斯火山位于南极洲罗斯海西南的罗斯岛上，是地球上位置最靠南的活火山。1839年，英国探险家罗斯率领着他的探险队乘坐"埃里伯斯号"轮船去南极探险，在靠近今天的罗斯海的附近，突然见到一个岛屿上升起熊熊的火光，经过探测，发现是一座正在喷发的火山，于是，就把它命名为"埃里伯斯火山"。这座火山海拔3743千米，基座直径约30千米，火山口呈椭圆形，深约百米，四壁很陡。巨大的火山口里冰川叠砌，蔚为奇观。由于地处极寒地区，火山喷出的蒸汽凝结成高达数米的冰塔，冰塔又被继续喷出的蒸汽穿透成为一个冰洞，蒸汽沿着冰洞上升，在冰洞中凝结成晶莹的冰花，构成了一幅美丽的大自然画卷。

南极洲干谷

南极大陆大部分地区都被冰雪覆盖，

南极洲干谷 的年降水量只有25毫米，即使下雪，也会立即被干燥的风吹走。

即使在短暂的夏季，也只有不到5%的岩石裸露区。但就在这一望无际的冰天雪地里，却有一处奇特的地方，它是三个巨大的盆地，里面没有一片雪花，和四周的景色形成了强烈的对比，这就是南极洲干谷。干谷四壁陡峭，呈"U"字型，是由巨大的冰川切割侵蚀而成的，现在冰川早已融化，只留下了这些黑褐色的谷地。干谷的范围很大，里面一片荒凉，没有任何绿色的植物，因此也被称为"赤裸的石沟"。每个干谷都有盐湖，其中最大的是万达湖，它有60多米深，湖面上有一层约4米厚的冰层，在晴天里闪烁出天蓝色的光泽。

南极洲干谷 的空气又冷又干，散落在里面的海豹的尸体经年不坏。

火山地质

根据现有的资料分析，南极洲的冰盖下面是一块面积约1248万平方千米的基岩，它是一个不对称的地堑，是一系列由断层山脉组成的地垒式山地，由于下降部分的地壳的极不稳定，所以形成了今天的埃里伯斯火山。

山岳篇

第三章
江河湖泊篇
Part 3
Great Rivers & Lakes

自古以来，水就被誉为"生命之源"。有水的地方，草木茂盛、动物繁多、生机盎然。纵观人类的历史，许许多多古老文明的发祥地无一例外地集中在靠近水源的地方。你看，那奔涌而出的尼罗河，在漫天黄沙中哺育出灿烂夺目的埃及文明；那含蓄深沉的伏尔加河，在冰天雪地里刻画出俄罗斯民族的精魂……而湖泊，则是水凝结成的珍珠，它们以另外一种形态存在于人类生活的方方面面。浩瀚如海洋的里海，浇灌出欧洲的风水宝地；一望无际的贝加尔湖，穿点出西伯利亚的珍珠……"百里湖岸垂柳依依，万顷碧波白帆点点"，这正是诗人对湖泊的颂歌。

水的生命在于流动，水的形态在于凝结或蒸腾，于是水就有了多样性。千百年来，正是这些形形色色、日夜向前、奔腾不息的水无偿地为我们提供着巨大的资源和便利，构建了这样一个和谐美丽的世界。

科隆大教堂 位于德国科隆城中的莱茵河畔,始建于1248年,是德国最大的教堂,也是世界上最高和建筑时间最长的教堂。

莱茵河

西欧的交通动脉

莱茵河发源于险峻的阿尔卑斯山间的莹洁雪峰。在很早居住在沿岸的克里特人的语言里,莱茵河是"清澈明亮的河"的意思。汹涌的河水在大地上奔流,勾画出了一大段的德法边境,像一条晶莹的珠链,串起沿岸无数美丽的市镇,开辟了一条通衢的黄金水道,最后浩浩汤汤奔入了荷兰的缤纷平原,在繁华的鹿特丹投入了北海的怀抱,因此莱茵河又有"西欧的交通动脉"之称。

莱茵河沿岸 有许多修建于中世纪的古堡,现在,它们已经成为了主要的游览胜地,吸引着世界各地的游客来此观光旅游。

西欧的交通动脉

莱茵河是目前世界上内河航运最发达的国际河流之一。这不仅是因为它流经西欧最重要的工商业地区,主要是由于河流流域内降水丰沛,水量充足。莱茵河上游在阿尔卑斯山区,夏季高山冰雪大量融化,所以在这个时期水位最高;中游汇集支流最多,右岸来自黑林山区的美茵河、内卡河,在春季融雪时水量最大;下游一年四季降水均匀,冬季略高于夏季。这样,莱茵河水量在各个季节都有充足的水源补充,以使全年水量丰盛,水位变化不大,为航运提供了极为便利的条件。另外,莱茵河通航里程也很长,达到其全长的66%。现在,莱茵河已经通过多条运河与多瑙河、塞纳河、罗纳河等河流相通,共同组织成四通八达的水上航运网,形成了整个西欧地区的交通大动脉。

莱茵河三角洲

莱茵河在进入荷兰境内后,与马斯河、斯凯尔河共同形成了广阔的三角洲。这里属于温带海洋性气候区,降水丰沛,水文状况稳定,季节分配比较均匀,因此,对莱茵河水量的补给也较为均匀,为当地的航运提供了有利的条件。莱茵河三

荷兰 是著名的风车之国,人们利用风车抽水、榨油、灌溉,如今,虽然风车几乎不再使用,但却依然被保留着,成为莱茵河畔独特的风景。

角洲集中了荷兰近一半的人口,95%的钢铁生产能力和90%的炼油能力使这里形成世界著名的大城市群——兰斯埃德。在三角洲地区,碧草如茵的大地上花田连绵、奶牛成群、风车林立、运河纵横,洋溢着田园牧歌式的异国风情。

三角洲地区是欧洲海运最繁忙的地区,莱茵河又是欧洲最有名的黄金水道,这里有世界第一大港口鹿特丹,它被称为"莱茵河上的明珠"或"欧洲的门户"。以鹿特丹为中心方圆250千米的区域内,聚居着将近2亿的人口,西欧最发达的德国鲁尔工业区、比利时沙城工业区、法国洛林工业区和瑞士、卢森堡的工业区都在这个范围之内。因此,莱茵河三角洲是名副其实的"黄金三角洲"。

> **唯美莱茵河**
>
> 莱茵河中游峡谷是莱茵河景色最佳的一段:水道里艘艘优游轻盈的游船,河岸上如繁星散落的幽静古雅小城,山峦间挺拔神秘的众多石堡遗迹,构成了一幅流动中的中世纪与后现代融合的绝美图画;尼伯龙根骑士的风流,罗勒莱歌妖的幽怨,历代文人骚客的歌咏称颂,赋予这驰名天下的胜景以永恒的魅力。

伏尔加河

俄罗斯民族的母亲河

嘿哟嗨，嘿哟嗨，齐心合力把纤拉，拉完一把又一把。穿过茂密的白桦林，踏着世界的不平路。我们沿着伏尔加河，对着太阳唱起歌。伏尔加，母亲河，河水滔滔深又阔。嘿哟嗨，嘿哟嗨，齐心合力把纤拉……

——《伏尔加船夫曲》

在下诺夫哥罗德附近 伏尔加河汇集了奥卡河和卡马河，从伏尔加丘陵与图尔盖高原穿过，形成一道长达160千米的大弯道，灌溉着沿岸的城镇。

俄罗斯的母亲河

伏尔加河是世界上最长的内陆河，它发源于东欧平原西部的瓦尔代丘陵中的湖沼间，全长3690千米，最后注入里海，流域面积达138万平方千米，占东欧平原总面积的三分之一，是欧洲第一长河。伏尔加河流域是俄罗斯最富庶的地方之一，千百年来，伏尔加河水滋润着沿岸数百万公顷肥沃的土地，养育着数千万俄罗斯各族儿女。伏尔加河的中北部是俄罗斯民族和文化的发祥地。那深沉、浑厚的《伏尔加船夫曲》至今仍在人们脑海中萦绕，马雅科夫斯基、普希金等许多诗人都用优美的诗句来赞美伏尔加河，称它为"俄罗斯的母亲河"。

五海通航的内流河

伏尔加河蕴藏着丰富的水力资源，当地人民为改造利用伏尔加河，修建了许多大型的水利枢纽。为了改善通航条件，他们在伏尔加河上兴建了一道巨大的水闸，把水位提高了17米，构成了一个人工的"莫斯科海"；在莫斯科和伏尔加河上游中间，开凿出莫斯科运河；在上游地区，又通过白海—波罗地海运河等把许多湖泊串联起来，使伏尔加河与白海、波罗地海相通；下游开凿了伏尔加—

在俄罗斯首都莫斯科 伏尔加河通过莫斯科运河与莫斯科河相连，著名的伊凡大帝钟楼就位于莫斯科河畔。

伏尔加河上的纤夫

列宾（1844年～1930年），是俄国19世纪后期批判现实主义绘画的主要代表之一，《伏尔加河上纤夫》是他的成名之作。画中画了十一个饱经风霜的劳动者，他们在炎热的河畔沙滩上艰难地拉着纤绳。纤夫们有着不同的经历和个性，他们生活在社会的最底层，但这是一支在苦难中磨练而成的坚韧不拔、互相依存的队伍。

顿河运河，沟通了伏尔加河、里海与黑海的联系。这样，原为内流河的伏尔加河一举变成"五海通航"的外流河，与莫斯科运河和伏尔加河相连的内陆城市莫斯科也一举变为"五海通航"的港口城市。其主航线可通航5000吨级货轮和2～3万吨级的船队。

油画《伏尔加河上的纤夫》画于1873年，是世界油画史上的不朽作品之一，现藏于俄罗斯博物馆。

泰晤士河

伦 敦 的 腰 带

泰晤士河发源于英格兰的科茨沃尔德山,沿途汇集了许多溪流,最后经诺尔岛注入北海,全长340千米,是英国境内最长的河流。泰晤士河从伦敦中心穿过,将伦敦一分为二,因此人们形象地称它为"伦敦的腰带"。

威斯敏斯特大教堂 坐落在泰晤士河畔,是英国的国教礼拜堂。

伦敦塔 位于泰晤士河的北岸,兴建于1078年,是一座城堡式建筑,英国的历代国王都曾经在此居住。

「这座城市的历史在两岸演绎，有如慢船漂过，使那些典型的风景，宛如书画长卷般徐徐展开……」

一部流动的历史

比起地球上的一些大江大河，泰晤士河并不算长，但它流经之处，都是英国文化精华所在，可以这么说，是泰晤士河哺育了灿烂的英格兰文明。

泰晤士河蜿蜒流经伦敦的腹地，把伦敦分为南北两部分，伦敦就是因为这条河生长起来的。这座城市的历史在两岸演绎，有如慢船漂过，使那些典型的风景，宛如书画长卷般徐徐展开。公元43年，罗马入侵者在当时潮水所能到达的最远点建立了一个港口，即后来的伦敦。据载，泰晤士河上曾有28座大桥，它的北岸可谓处处胜景，步步莲花，有威斯敏斯特大教堂、议会大厦、圣保罗大教堂、伦敦塔……而它的南岸，却没有那些金碧辉煌、瘦削挺拔的哥特式建筑群，也没有优雅的林荫大道，还曾一度落后荒凉，到处是工业时代的遗迹。

野性的泰晤士河

尽管泰晤士河平时水波不兴，但它也有野性的时候。泰晤士河的入海处，最宽处达20多千米。每逢海潮上涨，潮水便会顺着漏斗形的河口咆哮而进，犹如万马奔腾，上溯到伦敦甚至更远的地方。倘若遭逢风暴，强大的低气压突然南下，那么，汹涌的海潮便会使位于泰晤士河下游的伦敦变为泽国。历史上，伦敦曾几次被巨大

泰晤士河畔 有许多英国著名的建筑，除了典型的中世纪的古堡、教堂外，还有一些现代化的建筑，如议会大厦等。

的海潮所淹没。为了杜绝这种情况再度发生，20世纪70年代，人们在伦敦桥下游13千米处，建起了设计构思巧妙的"旋起式扇形拦潮闸"。拦潮闸由九座五十米高的桥墩和十座闸门组成，整齐地排列于河口，闸门的横截面呈扇形，平日，它弧面朝天地伏在河床中；当海潮到来时，连接闸门的轮盘转动九十度后，巨大的闸门立起，如同一道钢墙，拦腰斩断了泰晤士河，把澎湃狂澜关在闸门之外，景象极为壮观。它是迄今为止世界上最大的移动式拦潮闸，也是英国近代最大规模的建设之一。

滑铁卢桥

泰晤士河上最出名的桥就是滑铁卢桥了，电影《魂断蓝桥》里的"蓝桥"指的就是滑铁卢桥。滑铁卢桥始建于1817年，是一座九孔石桥。当它建成通车时，正值英国的威灵顿公爵在滑铁卢战役中大胜拿破仑的两周年纪念日，该桥便由此得名。

塞纳河

巴黎的灵魂

幸运的塞纳河呵　从来无忧无虑
日日夜夜　平静地流淌
它涌出源泉　沿着河岸漫步
穿着绿色的美裙　拥着金色的阳光
冷峻矗立的巴黎圣母院呵　也对它嫉妒不已
经过神秘地带　那神秘的巴黎
它流向阿佛尔　终于消逝于大海
　　　　　　　　　　——《塞纳河之歌》

横跨在塞纳河上的亚历山大三世桥　长107米，南北桥头树立着4座桥塔，塔顶青铜飞马，展翅欲飞，是塞纳河的胜景之一。

巴黎圣母院　位于塞纳河中的西岱岛上，建于1145年～1163年，占地5500平方米，是世界著名的天主教堂。

巴黎的缠腰玉带

塞纳河位于法国东北部,它穿过法国的心脏——首都巴黎,注入英吉利海峡。塞纳河全长776千米,是法国四大河中最短的一条,然而,它的名气却是最大的。塞纳河的上游地处朗格尔高地地区起伏不平的丘陵,丘陵一般都不高,海拔100米~400米,水流平缓,因此有"安详的姑娘"之称。上游的岩层结构是白垩与黏土相间,白垩层深浅不一,一般在地下50米左右。塞纳河在巴黎的诞生及发展中扮演着重要的角色,它与巴黎紧紧相连,犹如心脏与动脉连接得那样和谐,浑然一体。它就像巴黎的一条腰缠玉带,将巴黎轻轻地抱在怀里。

美丽的塞纳河

桥和塞纳河密不可分,它们是塞纳河上的一颗颗珍珠。巴黎的历史就融进了塞纳河中,刻在一座座桥上。外表金碧辉煌的亚历山大三世桥最吸引游人。它于1900年落成,为单拱桥,是当时法俄友谊的象征,所以用它的奠基人沙皇尼古拉二世的父亲亚历山大三世的名字命名。

卢浮宫 位于塞纳河的右岸,始建于13世纪,原为法国王室的城堡。1793年,卢浮宫艺术馆正式对外开放,现在卢浮宫的藏品多达40万件,号称"万宝之宫"。

卢浮宫是塞纳河畔的另一个杰作,她像一位典雅的少妇,以蒙娜丽莎式的微笑注视着众多的艳羡者;又像是一位智慧女神,给文明的创造者以激情和灵感;更像是一所胸怀博雅的学校,从黎明到黄昏,默默地迎送着万千学子。

巴黎圣母院建筑在塞纳河的发祥地西岱岛上,整座建筑结构严谨,气势恢宏。而对我们大多数中国人来说,巴黎圣母院首先是一本书,一部电影,它来自雨果、来自吉卜赛姑娘埃丝米拉达、来自敲钟人卡西莫多。

巴黎圣母院的正门共分三层,最底层并排着三个桃花瓣形的门洞,左边的为"圣母门",右边的为"圣安娜门"。

多瑙河

欧洲大陆上的著名风景

多瑙河发源于德国西南部黑林山的东坡,自东向西流经奥地利、捷克、匈牙利等12个国家和地区,在罗马尼亚的利纳附近注入黑海,是世界上干流流经国家最多的河流,就像一条蓝色的飘带蜿蜒在欧洲大陆上。

坐落在多瑙河之滨的布达佩斯国会大厦是一座宏伟壮观的新哥特式建筑,但其中又融合了典型的匈牙利民族风格。

多瑙河三角洲

多瑙河在图尔恰城附近分成基利亚河、苏利纳河、格奥尔基也夫河三条支流，巨大的水流携带大量的泥沙把这里冲积成面积约为4300平方千米的扇形三角洲。多瑙河三角洲是个富饶的地方，这里2/3的地区生长着茂密的芦苇，年产量达300多万吨，占世界总产量的1/3，被人们亲切地称为"沙沙作响的黄金"。多瑙河三角洲还是"鸟的天堂"，是欧、亚、非三大洲候鸟的汇合地，也是欧洲飞禽和水鸟最多的地方，平时的鸟类达到300种以上。另外，三角洲上还有一个奇特的地理现象——浮岛，岛上生活着名目繁多的植物、鱼类、鸟类和哺乳动物，所以科学家们又称这里为"欧洲最大的地质、生物实验室"。

在奥地利北部城市萨尔茨堡 多瑙河的支流萨尔察赫河从古城中央缓缓流过，将城市分为两部分。

布达佩斯 位于匈牙利中北部，在这里，多瑙河将布达佩斯分为东西两部分：西岸是起伏的丘陵，称为"布达"；东岸是广阔的平原，称为"佩斯"。

多瑙河畔的明珠

多瑙河从源头到奥地利的维也纳一段为上游，蓝色的多瑙河水缓缓流过奥地利首都维也纳，这座具有悠久历史的城市山青水秀、风景绮丽，优美的维也纳森林伸展到市区的西郊。每当旅游盛季的6月，这里都要举行丰富多彩的音乐节，因此维也纳素有"音乐之都"的美称。从维也纳到铁门峡为中游，多瑙河在这里流淌出广阔的多瑙河平原，是匈牙利和原南斯拉夫两国重要的农业区，素有"谷仓"之称。而位于这里的匈牙利首都布达佩斯被称为"多瑙河畔的明珠"，人们都说多瑙河是匈牙利的灵魂，而布达佩斯则是匈牙利的骄傲。铁门峡以下至入海口为下游，是多瑙河流域最富饶的地方之一。

「布达佩斯被称为"多瑙河畔的明珠"，人们都说多瑙河是匈牙利的灵魂……」

恒河

永 恒 生 命 的 象 征

恒河发源于喜马拉雅山南坡，流经印度的北部和中部地区，最后注入孟加拉湾。恒河全长只有2700千米，但在印度教徒的心中，它却是一条"圣河"，他们认为，只要经过恒河水的洗浴，人的灵魂就能重生，所以，对他们来说，恒河就是永恒生命的象征。

恒河中游的瓦拉纳西　被称为"圣城"，是印度教教会的中心，城中还有不少伊斯兰教清真寺和其他宗教的寺庙，集中反映了印度不同宗教文化的特色，又被誉为"印度之光"。

恒河之源

恒河是南亚第一大河，主源在喜马拉雅山脉南坡加姆尔的甘戈特里冰川。其上源为两条西南流向的河流——阿勒格嫩达河和帕吉勒提河。两河流经印度，在代沃布勒亚格附近汇合后始称恒河。然后，河水继续奔腾下泻，穿过西瓦利克山脉，在古城赫尔德瓦尔附近流入平原，此后转向东南，至安拉阿巴德与亚穆纳河汇合后转向东流，进入中游河段。恒河河道弯曲蜿蜒，沿途接纳了哥格拉河、干达克河、古格里河等支流，于巴加尔普尔进入孟加拉国境内，并分成数条支流，在瓜伦多卡德附近与南亚另一大河布拉马普特拉河汇合。两河巨大的流量冲积出世界上最大的三角洲——恒河三角洲。

恒河沐浴

印度人对恒河有着极为深厚的感情，他们视恒河为母亲河，把恒河的水当成圣水。在印度的神话里，恒河是印度女神"湿婆"的化身，她为了洗清世间的罪恶，化为大水来到人间，净化了罪恶的灵魂，又灌溉了两岸的农田，让人们得以安居乐业。从此，恒河水便成为印度教徒心目中洗涤罪恶的圣水。每天清晨，都有成千上万的印度教徒来到恒河边沐浴，以求用圣水冲刷掉身上的污秽或罪孽，达到永生。

恒河的流程和流域面积在世界长河中都算是"小字辈"，但它却是印度教徒心目中的圣河。

恒河沐浴 是恒河的一大奇景,吸引着许多游客。而对印度教徒来说,能用恒河水沐浴则是他们一生最高的理想。

密西西比河

印第安人眼里的"众水之父"

贯穿美国南北的密西西比河是北美洲最长的河流，"密西西比"是印第安语，意思是"众水之父"。汹涌的密西西比河以它广阔的胸怀滋润着美国41%的土地，对于"众水之父"这个称号真是当之无愧。

密西西比河　流经美国31个州，两岸土地肥沃、资源丰富，是美国的生命之河。

老人河

密西西比河发源于美国北部伊塔斯卡湖的沼泽地带，曲折南流，一路上接纳了许多支流，最后经新奥尔良市注入墨西哥湾。相对于美国这个年轻的国家来说，密西西比河算得上是一位年迈苍苍的长者了，所以，美国人民也称它为"老人河"。这里沃野辽阔、草原碧绿，野牛、羚羊自由自在地在一望无际的大平原上奔跑……印第安人曾是这片富饶土地上唯一的主人。16世纪以来，欧洲人越过大西洋进入美洲大陆，发现了这片美丽的土地。他们蜂拥而至，为了建立田园，他们砍伐掉了连绵的森林，烧掉了大片的草原，并从非洲贩运来大批的黑人做奴隶。著名的黑人民歌《老人河》就是这种奴隶生活的真实写照。正是由于奴隶的辛勤劳作，密西西比河流域才成为经济繁荣发达的地区。

发达的航运

密西西比河的航运十分发达，从密西西比河的圣罗易斯城北经伊利诺斯河接通五大湖，再经圣劳伦斯河抵达大西洋，南出河口通往墨西哥湾，向东又可以到达佛罗里达半岛以及大西洋沿岸的运河。发达的水上交通网为这里的经济带来了崭新的气象。

「这里沃野辽阔、草原碧绿，野牛、羚羊自由自在地在一望无际的大平原上奔跑……」

密西西比河的支流

人们把密西西比河称为"众水之父"还有一个原因，那就是它拥有众多的支流，其流域自落基山脉延伸至阿巴拉契亚山脉，几乎涵盖了整个美国地区。密西西比河的支流主要分布于主河道的东西两侧。其西侧的支流大多发源于落基山脉，主要有密苏里河、阿肯色河、雷德河等；东侧支流则大多发源于阿巴拉契亚山地，主要有俄亥俄河、田纳西河、康伯河等。在西侧所有的支流里，密苏里河是河源最远、流程最长的一条，它发源于美国西部黄石公园一带的高山雪场，全长4386千米，流域面积137万平方千米，密苏里河是美国的多沙河流，因此又称为大泥河。而东岸的支流则以俄亥俄河最为重要，它发源于阿巴拉契亚山脉西坡，全长1580千米，流域面积53万平方千米，区域内降水丰富，因此流量很大，是密西西比河所有支流中水量最大的一条。密西西比河及其众多的支流，共同形成了一个广阔富饶且古老的水系。

米尔克河 绕经加拿大南部，携带着大量的白色沉积物，在蒙大拿州与密西西比河汇合。

密西西比河上游 有许多发育完全的大沼泽地，其中明尼苏达沼泽位于明尼苏达州的湿地水陆间，密西西比河在这里开始汇集上游的支流，成为名副其实的"众水之父"。

亚马孙河

世 界 河 流 之 王

在南美洲安第斯山脉中段科罗普纳山的东侧，有一股涓涓的小溪，顺着山脉向北流去，在秘鲁的伊基托斯市转而向东，一路上汇集了成千上万条支流，形成一条不可阻挡的巨大洪流，日夜不息地奔向大西洋，它就是号称"河流之王"的世界第一大河——亚马孙河。

松鼠猴 是亚马孙流域的一个特殊成员，因为貌似松鼠而得名，但它实际上是猴类的一种。

亚马孙河流域 的亚马孙热带雨林是世界上现存面积最大的热带雨林，被称为"地球之肺"。

天然植物园

亚马孙河流域地处赤道附近，气候潮湿、雨量充沛，很适合各种热带植物的生长。在亚马孙州府玛瑙斯向北的地方，有一片被誉为"世界之肺"的热带雨林，面积达373万平方千米，占世界热带雨林总面积的一半，林中树木种类达上万种。走进雨林，就好像进入了一个奇妙的植物王国：脚下是卷柏、羊齿、附生凤梨等地面植被；越过它们，是各种草本植物、灌木和矮小的乔木，树上附生着各种攀缘性植物；在万绿丛中，还有许多高达七八十米的"巨人树"，那是巴西杉和乳木。除了这些较常见的树种，雨林里还有许多特殊的成员，比如可以喝的水树，含有矿产的石英树，能治愈蛇毒、黄热病的治病树，等等。当然，这里也是一个巨大的水果园，巴西胡桃、甘蔗、黄梨等都是这里的特产。

亚马孙河 是南美洲人民的骄傲，浩荡的河水养育了南美洲的数千万人民，因此，他们都自豪地把亚马孙河称为"我们的盾"。

> **亚马孙河**
> 亚马孙河是地球上流量最大、流域面积最广的河流，全长6480千米，仅次于尼罗河，为世界第二长河。据统计，地球表面流动的水约有1/5来自亚马孙。它浩浩荡荡流经南美洲8个国家和1个地区，滋养了沿岸700多万平方千米的土地。

动物王国

亚马孙河流域的动物种类极其丰富，其中有不少都是弥足珍贵的，例如蜜熊、负鼠、小食蚁兽、二趾树懒等。密林深处，大小河流纵横交错，为各种鱼类和水栖动物提供了一个自由的栖息地，里面生活着凯门鳄、淡水龟以及水栖哺乳类动物如海牛、淡水海豚等。河中的鱼类达2000多种，其中有一种名为皮拉尼亚的鱼，长着可怕的獠牙，专门喜欢攻击人类，为此，人们送了它一个可怕的称号"食人鱼"。世界上最大的蛇——亚马孙森蚺也是这里的住户，它们最长可以达到10米，体重250千克，像一个成年人的躯干那么粗。除此之外，雨林中还有大约1500种鸟类，昆虫的种类更是不计其数，仅蚂蚁就超过了5000种。这片绿色的水域就这样养育着成千上万的生物，使它们自由地繁衍生息。

亚马孙平原 在古地质年代曾为海水所浸没。

众多的支流

亚马孙河共有一千多条支流，其中超过1600千米的就达到了17条，广泛地分在南美洲的大地上。其流域面积约700多万平方千米，占南美大陆总面积的40%。亚马孙河的主要支流几乎全部可以通航，可以承载上千吨的巨轮航行。在众多的支流中，内格罗河是最有名的一条。每当雨季来临的时候，内格罗河开始泛滥，淹没大片的森林。河水中含有大量微生物，把水面染成清澈的碧绿色，与主流的黄色形成鲜明的对比。内格罗河下游有一段河床，罗列着380座岛屿，是世界上最大的河上群岛，岛上栖息着大量的毒蛇、巨蟒，整个岛屿成为了蛇的天地。

亚马孙热带雨林 不仅有丰富的植物资源，还蕴藏着许多宝贵的矿藏，如石墨、锡等，是一个天然的"大宝库"。

丰富的资源

亚马孙河水系的水力资源相当丰富，其中大部分分布在秘鲁境内安第斯山区河段，支流从圭那亚高原和巴西高原进入平原的接触带上，形成大量的急流和瀑布，仅在巴西境内就有8000万千瓦的水能可以利用。亚马孙河还是一个矿物资源的聚宝盆，这里蕴藏着丰富的铝土、锡、锰、铀、金、铅、石英、紫水晶等矿藏。仅在巴西，卡拉的蕴藏量就达到了180亿吨。而南美小国秘鲁由于在亚马孙河找到了石油，从而摇身一变，从石油输入国变成了石油输出国。同时，亚马孙河还有非常优越的航运条件，干流和各大支流都可以直接通航，载重3000吨的海轮可以到达秘鲁的伊基托斯，万吨巨轮则可以到达中游的玛瑙斯。整个水系的通航里程可达25000千米，这是世界上任何一条河流都望尘莫及的。现在，流域内的8个国家已经联合制定了合理开发自然资源的计划，相信不久的将来它一定会造福于更多的人。

除了巨大的雨林 亚马孙流域也有许多陡峭的悬崖峭壁，蕴藏着丰富的矿产资源。

内格罗河 是亚马孙河的一条主要支流,是亚马孙河所有支流中流量最大的一条。

自然奇观——涌潮

亚马孙河还有一个闻名世界的自然奇观——涌潮。亚马孙河口是一个巨大的喇叭形,河面最宽的地方可以达到80千米。海潮一进入这个喇叭口后受到挤压,使水位不断地抬升,掀起几米高的巨浪,汹涌澎湃,十分壮观。

被遗忘的主人

印第安人曾是亚马孙流域最早的主人。1970年,考古学家在这一地区南部边缘瓦苏索斯部族居住的地方发现了古代印第安人居住过的十几个洞穴,从里面发掘出了大量的陶器和石器。据考古学家推测,生活在这些洞穴里的印第安人的活动年代距今9000~12000年。目前,亚马孙地区还生活着70万~90万印第安人,他们分属241个部族,这些部族讲着37种语言和数不清的方言。直到今天,相当一部分印第安人的生活仍处于原始的刀耕火种的阶段,被摒弃在现代社会生活之外,因此,也有人称他们为亚马孙河"被遗忘的主人"。

亚马孙涌潮 是世界上最壮观的海潮之一,可以与中国的钱塘江大潮相媲美,每年都吸引着成千上万的旅游者前来参观。

尼罗河

沙漠里的母亲河

在东非高原的布隆迪高地，一条蜿蜒的大河从南向北，流经卢旺达、坦桑尼亚、肯尼亚、乌干达、扎伊尔、苏丹、埃塞俄比亚等国，在埃及附近注入地中海，它就是号称世界第一长河的尼罗河。在非洲干旱的沙漠气候区，它就像是一位伟大的母亲，滋润着两岸的人民。

白尼罗河

尼罗河是世界上唯一一条自南向北流淌的大河，它的源头包括脾气迥异的两条河流——白尼罗河与青尼罗河。柔美的白尼罗河是尼罗河最长的支流，它发源于布隆迪的卡格腊河，维多利亚湖、基奥加湖、艾伯特湖所构成的庞大湖区养育并丰盈了它。它穿越乌干达黑黢黢的丛林，在苏丹炎热干燥的不毛之地现身，当它进入苏丹南部的盆地时，河水泛滥成面积约1万平方千米的莎草沼泽，人们称之为"无法通过的地方"。由于苏丹气候炎热，因此，白尼罗河在这里消耗了大约2/3的水

白尼罗河 流经地势极其平坦，水流异常缓慢，在低纬度干燥地区阳光的照射下，河水蒸发强烈。

埃及的生命线

尼罗河从南至北，纵贯埃及全境，灌溉着沿岸240万公顷的土地。在沙漠占国土面积达96％的埃及，尼罗河就意味着生命。尼罗河下游的河谷和三角洲是古代埃及文明的发源地，也是现代埃及的政治、经济和文化中心。

量之后继续北上，在苏丹首都喀土穆的正中心，与青尼罗河相会，从此才正式称为"尼罗河"，再往北流经埃及的广阔土地，最后注入地中海。

「它穿越乌干达黑黢黢的丛林，在苏丹炎热干燥的不毛之地现身……」

尼罗河畔 自古以来就是埃及人民生活的地方，至今还保有许多远古时代的遗迹，向人们展示着古埃及的辉煌。

青尼罗河

与白尼罗河的恬静相比，青尼罗河则是一条粗野的支流，它发源于海拔2000米的"非洲屋脊"——埃塞俄比亚高原，全长680千米。

在埃塞俄比亚高原，来自大西洋的雾气化作了如注的雨水，在山坡上冲刷出一道道沟壑，并将大量的泥土卷入河流。在非洲的最高湖泊——塔纳湖，青尼罗河放慢了脚步，水流在浅滩、礁石中盘桓了大约30多千米之后，突然飞流而下，在雷霆般的轰鸣中造就了非洲第二大瀑布——梯赛斯特瀑布。在接下来的河段中，青尼罗河连续奔腾650千米之后，转了个马蹄形的大弯，最后冲出山谷，闯进苏丹南部的大平原与白尼罗河汇合，始称尼罗河。青尼罗河每年有4个月如脱缰的野马纵情奔流，提供了尼罗河全部水量的70%，正是因为它从埃塞俄比亚高原一路奔腾携带的大量泥沙才沉积成两岸肥沃的土地，孕育了灿烂的尼罗河文明。

尼罗河三角洲

每年夏天，尼罗河水都会泛滥，洪水退却后留下一层厚厚的河泥，形成肥沃的土壤，天长日久堆积成广阔的三角洲平原。尼罗河三角洲是尼罗河赐给埃及的一份厚礼，它的面积只有24000平方千米，占埃及国土总面积的24%，却集中了埃及90%以上的人口，被称为埃及的"绿色走廊"。"不到绿色走廊不算到埃及"的说法在非洲非常普遍，据考古学家推测，早在6000年前，埃及人的祖先就在尼罗河两岸繁衍孳生。长久以来，尼罗河谷一直棉田连绵、稻花飘香，在撒哈拉和阿拉伯沙漠的左右挟持中，蜿蜒的尼罗河犹如一位伟大的母亲，哺育着两岸的人民。

自古以来 埃及人民就利用尼罗河水灌溉农田，发展农业，尼罗河是当之无愧的埃及的生命线。

刚果河

非洲中部的"水廊"

刚果河又称扎伊尔河，发源于非洲南部的加丹加高原。它由南向北流去，穿过赤道以后折向西北，然后折向西南，再次穿过赤道，最后流入大西洋，形成一条流域面积约370万平方千米的弧圈形"水廊"。大弧圈的内侧就是地球上最大的盆地——刚果盆地。

小"块头"的大流量

刚果河全长4730千米，属于河流中的小兄弟，但它的水量却十分惊人，仅次于亚马孙河，排名世界第二。那么，它是怎么储存这么大的水量的呢？原来，刚果河两岸汇集了密集的支流，这些支流从周围的高地汇聚到赤道附近的刚果盆地，形成一个完整的向心状水系。由于这些支流中一部分处于南半球，另一部分处于北半球，而南北两地的雨季是轮番来临的（每年4月到9月，北半球为雨季；10月到第二年的3月，南半球为雨季），雨水交替倾泻

刚果河流域 包括了民主刚果共和国几乎全部领土，在这片广阔的流域里，密集的支流、副支流和小河汊分成许多河汊，构成了一个发达的河道网。

> **刚果盆地**
>
> 刚果盆地是世界上最大的盆地，又称扎伊尔盆地，位于非洲中西部。整个盆地呈方形，赤道从它的中部横贯而过，面积约337万平方千米。刚果盆地是前寒武纪非洲古陆块的核心部分，由古老的变质花岗岩、片麻岩、片岩、石英岩等组成。

到刚果河里，使它全年都保持着丰沛的水量。丰富的水力资源蕴藏量达1亿千瓦以上，占全世界水能总储备的17％。如果用

对刚果盆地的居民而言 鱼是一种天然资源。在基桑加尼上游的急流中，当地人用木制的鱼笼来捕鱼。

来发电，可以满足全部赤道非洲国家的需要。目前，扎伊尔已经在刚果河下游兴建了巨大的英加水利枢纽。

流域美景

刚果河在基桑加尼以上为上游，称为卢阿拉巴河。卢阿拉巴河有两个源头：西支源自加丹加高原，东支源自赞比亚的班韦乌卢湖，它们流经高原地区，河谷深邃，水流湍急，多急流瀑布。基桑加尼瀑布是其中最著名的盛景，它是由连在一起的七个瀑布共同组成的，绵延在赤道南北100多千米的河段上，是世界上最长的瀑布群，总落差达60多米。基桑加尼以下是刚果河，沿河道至金沙萨为中游，长1740千米，这段水域水流平缓、水量丰富，有39条支流可以通航。金沙萨以下为下游，河水在这里切穿刚果盆地的边缘山地，形成长217千米的峡谷，最窄处只有220米，河水汹涌咆哮，奔腾而下，形成著名的利文斯敦瀑布群。利文斯敦瀑布群由32个大小不同的瀑布组成，落差280米，是非洲最大的组合瀑布群。

刚果河 上游气候炎热潮湿，人烟稀少，有近1600米的河段可供航行。

里海

欧洲的"风水宝地"

在广阔的中亚西部和欧洲东南端,有一片辽阔的水域,烟波浩淼、一望无际,水面上经常出现狂风大浪,犹如大海翻滚的波涛,并且水也是咸的,水中还生活着许多和海洋生物十分相像的水生生物。这里就是被称为欧洲"风水宝地"的里海,一个像海一样的"海迹湖"。

里海 的水面低于外洋海面28米,湖水平均深度约180米,有伏尔加河、乌拉尔河、库拉河、捷列克河等130多条河流注入其中。

里海 的水量主要来自乌拉尔河和伏尔加河,河水沿着厄尔布尔士山的山麓丘陵注入里海南岸。

里海的变迁

里海是世界上最大的内陆湖。在地质时代里,里海同黑海、地中海曾经是连在一起的。后来,地壳的运动使这里的海陆面貌发生了巨大的变化,高加索山和厄尔布尔士山在西南和南部崛起,把里海和黑海分离成了现在这样一个内陆湖。

由于里海周围地区气候的变化,也引起了里海水位的变化,在1670年～1705年,里海的水面下降了1.6米,但从1728年起又急剧上升,10年之中竟然升高了2.8米,以后又一直趋于下降,到1970年,水位已经比100年前低了2.5米。由于水位下降太多,以至于里海两岸的面貌也发生了较大的改变,有的地方甚至露出了湖底。20世纪80年代初,在经历了近50年的变浅之后,里海的水位又神奇地上升了,在短短的3年里竟然升高了1米。现在,这种变化仍在继续。

里海 已经被证实了含有丰富的石油矿藏。早期的石油开采主要集中在里海西南沿岸,如今已经扩展到北岸的哈萨克斯坦境内。

奇特的黑口

在里海的东部有一个神奇的湖湾——卡腊—博加兹—哥尔湾,意思是"黑口"。湖湾面积约1万平方千米,水深3米,水位比里海要低得多,只有一条狭长的河道和里海相通。里海的水通过河道源源不断地涌向这里。但令人吃惊的是,就这么一个小小的湖湾,却像是一个无底洞,永远也灌不满。那么,这个黑口是怎样把大量的湖水吞噬的呢?原来,湖湾附近有一片广阔而炽热的沙漠,把大量的水都蒸发掉了,形成了一个独特的自然"锅炉"。由于湖水大量蒸发,湖里积聚了极度饱和的天然盐水,到了秋天,气温下降,盐水结晶成为芒硝。第二年春天,芒硝在阳光的曝晒下脱去水分,在湖面上形成一层雪白的硫酸钠盐层,是化学、造纸工业的天然原料。

会"唱歌"的盐层

里海沿岸一带的盐层在清晨时分会发出一种歌声般的奇特声响,猛听上就像暴雨打在铁皮屋顶上,仔细一听,那声音时强时弱,还带有某种韵律呢。原来,当太阳升起时,被曝晒的盐层由于受热不均匀而发生绽裂,一部分裂片剥落下来就发出了如此奇特的声音。

「在地质时代里,里海同黑海、地中海曾经是连在一起的……」

死海

神奇的盐湖

在地球陆地的最低处有一个神秘的内陆湖，湖面上盐柱林立，有些地方还漂浮着大量的盐块。湖里不仅没有鱼虾，甚至在周围的海岸也没有任何植物。可令人感到吃惊的是，就是这样一片几乎寸草不生的水域，即便不会游泳的人掉进去也不会被淹死，这就是死海。

死海 沿岸的盐沼中，海水所析出的白色盐分似流动的固体，随处可见。

天然的盐库

死海地处约旦和巴勒斯坦之间南北走向的大裂谷的中间地带，南北长75千米，东西宽5～16千米，湖水平均深146米，最深的地方可以达到400米，是世界陆地的最深处。死海的主要水源来自于北面的约旦河和南面的哈萨河。死海没有出水口，又处于炎热干燥的气候里，因此注入湖中的河水大都变成了蒸汽，湖水蒸发了，而水里的盐分却留在海中，经过千万年的积累，湖水中的含盐量越来越高，沉积在湖底的矿物质也越来越多，咸度也越来越高，最后，死海变得越来越"稠"，逐渐形成现在的模样。据统计，死海的食盐蕴藏量可以供40多亿人食用2000年，另外，水中还含有大量的氯化钙、氯化钾、溴化镁等矿物质，是一个名副其实的大盐库。

美国著名作家 马克·吐温曾经这样描述死海："在死海中游泳是多么惬意的事情啊，你可以挺直你的身体，舒舒服服地仰睡在水面上，并且还允许你撑开伞，挡住炎热的太阳。"的确，死海可以说是"旱鸭子"的乐园。

死海古卷

尽管死海周围一片荒凉，但在历史上，这里却是人文荟萃之处，这里流传着大量历史和宗教传说。1974年，几个牧童偶然在死海西北岸的希比特库姆兰的洞穴里，发现了一批古卷，该古卷具有重要的考古意义，被称为"死海古卷"。

医疗湖

死海分南北两个湖，两个湖的水面水位落差高达11米。水浅的时候，两湖隔开；正常时，隔开处的水深不过3米左右。20世纪50年代，北部的约旦河水改道，供应工农业需要，人们抽调湖水，水位日益降低。特别是1979年，天逢大旱，约旦河成为涓涓细流，湖面大大缩小，在烈日的照射下，湖水大量蒸发，表层水比重变大，盐分浓度接近于深水层，使上下两层湖水发生混合，温度一致，再也没有分层的现象了。这种混合使氧气进入底层，放出氢硫气体，从而使湖水具有硫磺泉水的疗效，可以消除肌肉痛、关节痛。不久前，科学家利用一种含有死海盐衍生物成分的药膏对顽固的牛皮癣进行试验性治疗，获得了意想不到的疗效，轰动了欧洲。

现在，许多人来到死海边 利用死海的海水治疗身上的各种皮肤病，都收到了很好的效果。

贝加尔湖

西伯利亚的珍珠

在西伯利亚南部崇山峻岭的环绕之中,有一片与地平线连成一片的平静的水面,蔚蓝的湖水反射出太阳的光芒,就像是一片闪光的珍珠海,这就是号称"西伯利亚的珍珠"的世界上最大的淡水湖——贝加尔湖。

巨大蓄水库

"贝加尔"一词源于布里亚特语,意思是"天然之海"。整个湖型狭长弯曲,长638千米,平均宽度只有48千米,面积31500平方千米,宛如一轮明月镶嵌在西伯利亚南缘。贝加尔湖是世界上最大的淡水湖,总蓄水量23600立方千米,约占全球淡水湖总蓄水量的1/5,可以供应50亿人消耗半个世纪。在贝加尔湖的周围,有色楞格河等大大小小336条河流源源不断地注入湖中,而流出的河流只有安加拉河一条,因此,它的水量每年都在增加。

科学家推测 在中生代时期,贝加尔湖以东曾有过一个浩瀚的外贝加尔海,后来由于地壳变动,留下了内陆湖泊——贝加尔湖。

美丽的风光

贝加尔湖周围群山环绕、溪涧错落、风景绮丽。东岸,奇维尔奎湾像王冠上的钻石一样绚丽夺目,湾中有许多小岛,像卫兵一样守卫着湖湾的安全;西岸,佩先纳亚港湾像马掌一样钉在深灰色的岩石之中,两侧还矗立着许多峭壁。湖畔辽阔的林地中栖息着大量的黑貂、松鼠、马鹿、

「贝加尔湖周围群山环绕、溪涧错落、风景绮丽……」

猞猁、水獭等多种动物。西伯利亚第二大铁路——贝阿大铁路从湖东蜿蜒而行，像一条巨龙陪伴着美丽的贝加尔湖。难怪伟大的俄罗斯作家契诃夫曾这样评价贝加尔湖："贝加尔湖异常美丽，难怪西伯利亚人不称它为湖，而称它为海。湖水清澈透明，透过水面像透过空气一样，一切历历在目。温柔碧绿的水令人赏心悦目，岸上群山连绵，森林覆盖。"

贝加尔湖 深处含氧量非常丰富，生物种类奇多，甚至在1600米深的水底仍然有大量的生物群。

富饶的湖泊

贝加尔湖渔业资源丰富，素有"富湖"之称。湖中有水生动物1800余种，其中1200多种为特有品种，如凹目白蛙、奥木尔鱼等，这是世界上其他湖泊无法比拟的。贝加尔湖是淡水湖，但湖里却生活着许许多多地道的海洋生物，如海豹、海螺、海锦、龙虾等。贝加尔湖底还有1～15米高像丛林似的海锦，奇形怪状的龙虾就藏在这些"丛林"里。在欧洲的典型湖泊中，通常只有几种端足类动物（虾状甲壳动物）和扁虫，而贝加尔湖却有200多种端足动物和80多种扁虫。不仅数量多，有些种类还十分奇特引人。如最近发现的一些端足类动物呈杂色斑驳，与环境色彩混为一体；同时，还有人在捉湖中捕到体长达38厘米的巨扁虫。

贝加尔湖 的景色季节变化很大，冬天的贝加尔湖结着一层冰，晶莹剔透。

五大湖

北美大陆的地中海

在北美大陆的中部，有五个彼此相连、相互沟通的湖泊，自西向东依次是：苏必利尔湖、密执安湖、休伦湖、伊利湖和安大略湖。五大湖总面积为24.5万平方千米，总蓄水量2.4万立方千米，由于五大湖水域辽阔、水量巨大，又位于北美洲的中部，因此有"北美大陆的地中海"之称。

五大湖形成揭密

在地质历史上，五大湖地区曾属于河流的上游。第四纪时，北美大陆北部广大地区受到大陆冰川的侵袭。五大湖地区接近拉布拉多和基瓦丁两个大陆冰川的中心，在几次大冰川时期都被冰川所覆盖。当时冰川所覆盖的范围大致在俄亥俄州—圣路易斯—堪萨斯—密苏里河及加拿大的卡尔加里一线以北，约占北美面积的一半以上。冰层厚达2400米，具有强烈的侵蚀作用，使原有低洼谷地松散的沉积层和较

从地形条件、气候条件以及自然景观来看 五大湖区是一个明显的过渡地带，它是墨西哥湾与北冰洋两个斜面的分水岭。

软的岩层被冰川带走，将谷地拓宽、加深。五大湖以南即为冰川的南缘，冰川所携带的泥沙和大小的石块在这里不断地堆积，这样就形成了目前五大湖巨大的湖盆。气候转暖时，大陆冰川开始消退，融化的冰水聚集于冰蚀洼地之中，形成了五个巨大的湖泊，至今已有1.2万年的历史。

苏必利尔湖 的西南和南面是美国主要的铁矿产区，其铁矿蕴藏量约占全美总蕴藏量的80%。

五大湖简介

五大湖中,以苏必利尔湖的面积最大、蓄水量最多,占了五大湖总蓄水量的一半以上。同时,它也是五大湖中海拔最高、湖盆最深的湖。苏必利尔湖为加拿大和美国共有,其中美国占三分之二,加拿大部分占三分之一,湖区气候冬寒夏凉,全年可航期一般为6~7个月。

密执安湖是五大湖中唯一完全位于美国境内的湖泊,也是美国最大的淡水湖,流域面积11.8万平方千米,经东北端的麦基诺水道与休伦湖相连。休伦湖是五大湖中水质最好的湖泊之一,盛产鱼类,为美国和加拿大共有。休伦湖中的马尼吐岛是世界淡水湖中最大的岛屿,有趣的是,岛上

五大湖的地下资源相当丰富,在休伦湖和密歇根湖沿岸蕴藏着丰富的石灰石、锰、铀、金、银等矿产资源。

还有一个小湖——马尼吐湖,面积约100平方千米,是世界上最大的湖中之湖。伊利湖和安大略湖全为美、加共有,两湖之间有尼亚加拉河相通,落差近100米,形成了世界著名的尼亚加拉瀑布。

第四章
峡谷沟壑篇

Part 4
Canyons & Gulchs

峡指的是两山夹水的地方；谷，指的是两山或两块高地之间的狭长而有出口的地带，它们都是由于地壳的迅速隆起或河流的剧烈切割而形成的。峡谷沟壑是大地沧桑的见证，遍布地球的每个角落。广阔的东非高原，东非大裂谷仿佛一条灰黄的巨蟒，在群山之间延伸；茫茫的北美大陆，古科罗拉多河与瓦拉派河共同作用，切割出世界上最令人敬畏的景点之———科罗拉多大峡谷，向人们展示了一幅石质的地质史画卷；绵延的安第斯山脉，科尔卡大峡谷把月亮上的环形山搬到了地球，并留下了一些至今仍未解开的神秘图画，吸引着人类探索的目光……

黄石大峡谷

艺术家的大视野

在美国怀俄明州西北部落基山脉的熔岩高原上,波涛汹涌的黄石河将山脉切割成一道天然的大裂缝,这就是著名的黄石大峡谷。峡谷两岸峭壁高耸,金色的阳光洒在上面,仿佛两条曲折的彩带。

峡谷的形成

黄石大峡谷是由黄石河冲蚀被地热腐蚀的火山岩形成的。14000~18000年前,大峡谷接连经历了三次冰川的侵蚀,逐渐形成目前这种典型的V型峡谷。黄石大峡谷引人入胜之处,不仅是幽深曲折和汹涌奔流的河水、瀑布,还有光怪陆离、五光十色的风化火山岩。峡壁上交织着白、黄、绿、朱红等颜色,在阳光下闪烁着耀眼的光泽,璀璨夺目。高高的岩壁,看上去像用油彩涂成,毫无顾忌地暴露在日晒雨淋之中,颜色依然是那样鲜艳,既不会被激流冲刷而去,也不会因风吹日晒而褪色。

黄石河 全长1080千米,是北美密苏里河的一大支流。

峡谷的岩层中 含有不同的有机物质,因此岩层才会呈现出不同的色彩。

峡谷地区 有许多这样的梯田，其中最有名的就是玛默斯区梯田，它的形状一直处于变化之中。

峡谷风光

峡谷全长32千米，平均深度244米，最深处达到366米，宽度从457到1220米不等。峡谷两岸有不少的景点，其中以北岸的"大视野景点"和南岸的"艺术家景点"的位置最为人们所称赞。峡谷南端，汹涌的黄石河水从陡峭的峡谷中跌落而下，形成了一道气势磅礴的瀑布，高达94米，是该地区最大的瀑布。另外，峡谷中还有许多地热地区，它们主要集中在泥火山区，沸腾的热泉和间歇泉冒着热气喷涌而出。由于此处的地下热泉中溶有较高的碳酸钙离子，因此，天长日久，它们便沉积下来，形成了一种石灰岩的"梯田"，而热泉中滋生的各种藻类又为梯田穿上了一层彩衣。由于热泉不断地作用，因此这些梯田的形状一直处于变化当中，所以又被称为"活的雕塑"。

黄石河 穿行的地势较高，水流充沛，因此在峡谷处形成了许多激流瀑布。位于峡谷源头的高塔瀑布高达40米，水流从山间奔腾而下，响彻两岸。

布莱斯峡谷

美国的"兵马俑"

在美国犹他州的西南部,一条深达2400米的峡谷横穿科罗拉多高原。站在峡谷顶部向下望,密密麻麻的石柱无声无息地耸立在峡谷的底部,仿佛成千上万整装待发的将士,难怪有人把它们称作美国的"兵马俑"。

峡谷的形成

根据当地印第安人的传说,这些奇形怪状的岩石原本是一个部落,因为得罪了神而被诅咒成为石柱。事实上,这些神奇石柱的形成全都依赖于大自然的鬼斧神工。大约在六七千万年前,布莱斯峡谷地区还是温暖的内陆海,后来,含有大量金属元素的沉积物不断地在海床上堆积,再加上地壳的运动,原来的海水渐渐后退消失了,海床变成了陆地。再经过长久的侵蚀风化,最终形成了各种造型奇特的岩石柱。由于峡谷的岩石中富含铁质和锰质,

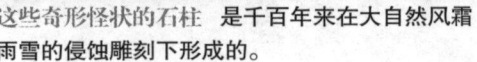

这些奇形怪状的石柱 是千百年来在大自然风霜雨雪的侵蚀雕刻下形成的。

因此在漫长的风化过程中被氧化为深浅不一的紫红颜色,在阳光的照射下五彩斑斓、瑰丽夺目,呈现出梦幻般的意境。

美国其他地方 也有这样的岩石地形,但只有这里的石柱数量最多,分布也最密集。

公园独特的地貌特征和生物群落反映了北美大陆形成时期的地理运动情况。

峡谷国家公园

布莱斯峡谷国家公园成立于1928年，占地面积151平方千米。通红似火的峡谷里怪石嶙峋，大大小小的尖塔，看起来犹如一尊尊变幻无穷的人偶。在这些火红的悬崖峭壁间，往往还会发现恐龙和爬虫时代的化石。峡谷的山岩间长有大片的森林和草原，为各种小型哺乳动物、鸟类和美洲狮等大型食肉动物提供了栖息地。驼鹿为公园里最常见的大型哺乳动物，冬季时会迁徙到海拔较低的地区以躲避寒冷的袭击。每年还有超过160种鸟类造访公园，另外，这里还有一些可爱的小居民——黄鼠和旱獭，即使在寒冷的冬天它们也舍不得离开这里，而是选择冬眠的方式来度过寒冬。

人类足迹

根据考古学家对于布莱斯峡谷所做的考古研究显示，至少在10000年前，此地就有人类居住。他们被称为派尤特人，是美国早期的土著人种，以打猎和采集野果为生，但偶尔也会种植部分农作物来补充食物的来源。关于诅咒的传说就是从这个民族流传下来的。

锡安山大峡谷

上 帝 的 天 城

锡安山大峡谷坐落在美国犹他州锡安山国家公园中，是公园中的风景集中地。"锡安"的意思是"上帝的天城"，这里过去曾是摩门教拓荒者们的圣地，教徒们常常长途跋涉，前来拜谒，锡安山公园的名字也来自于此。

5000年以前，峡谷内就有人类的踪迹了，它们信奉基督，许多的景观都和圣经息息相关。

「孤峰顶上，绿树葱笼，仿佛一根华美的玉柱立于五彩缤纷的峡谷之中……」

与著名的科罗拉多大峡谷不同　锡安山大峡谷的奇特之处就在于它的小巧。

峡谷奇观

　　锡安山大峡谷长约25千米，非常狭窄，大部分地段只有几百米宽，有些地方的宽度甚至不到2米，一人站立，伸手即可触及两侧谷壁。如此窄的峡谷深度却达2000～3000米，谷壁陡直，几乎与地面成垂直状态，险象环生，难以攀援，让人望而生畏。

　　谷中岩石色彩缤纷，呈暗红、橘黄、淡紫、粉红各种颜色，随着光线的强弱变幻无穷。在锡安山大峡谷谷底，有一座被称为"大白皇座"的孤峰，高700多米，山体岩石底部为红色，向上逐渐变为淡红、白色。孤峰顶上，绿树葱笼，仿佛一根华美的玉柱立于五彩缤纷的峡谷之中。

峡谷生态

　　锡安山大峡谷由维尔京河冲刷而成，河水通常清澈见底，风平浪静。但夏秋两季大雨时，河水暴涨，往往导致山洪暴发，汹涌的洪水可以把巨石、大树席卷而去。雨后，大小几百条瀑布从高耸陡峭的悬崖之上直泻而下，水声震天，非常壮观。

　　峡谷内四季分明，景色十分秀丽。春天，新叶初绿，百花竞艳；夏天，万木峥嵘，一片喧嚣；秋季，霜叶满林，万山红遍；冬天，谷顶银装素裹，分外妖娆。

　　公园里，五彩缤纷的花卉与淙淙的小溪流水点缀在高大险峻的峭壁峡谷之间，形成了一幅绝美的山水画。优美的环境吸引了许多的生物，这里生活着75种哺乳动物、271种鸟类、32种爬虫和两栖类动物以及8种鱼类。另外，峡谷地区还生长着超过800种植物，真不愧是一个生态的乐园。

公元前500年～公元1200年　印第安的阿纳萨兹人就曾经进入峡谷从事农耕。

约塞米蒂谷

印第安人的图腾

约塞米蒂谷位于美国加利福尼亚州的内华达山脉中,是美国最美丽的峡谷之一。"约塞米蒂"源自印第安语,意思是"灰熊",灰熊是当地印第安土著人的图腾。谷内到处都是流水、瀑布、森林、草木,畅游其中,使人忘却了都市的喧嚣。

在内华达山脉的西坡 汹涌的梅塞德河蜿蜒而过,侵蚀着山间的岩石,再加上地壳的运动,天长日久形成了一条典型的U型峡谷——约塞米蒂谷。

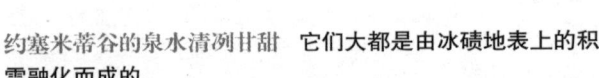

约塞米蒂谷的泉水清冽甘甜 它们大都是由冰碛地表上的积雪融化而成的。

「它岩壁上的每一块石头都焕发着生命的光芒……」

约塞米蒂谷

约塞米蒂谷坐落在内华达山脉西坡约塞米蒂国家公园的中部,长只有12千米,最窄的地方不超过500米。这里汇集了公园中最美丽的风光,高耸入云的红杉、潺潺的瀑布流水、陡峭的山崖和迷人的高山草甸吸引着众多的游客。蜿蜒的梅塞德河从谷中穿过,世界上几乎没有一个地方能像这里一样,把这么多壮观的景象容纳在这么小的一个空间,却丝毫不嫌拥挤。约塞米蒂谷的形成得益于最近的一次冰与火的交融,在冰川时代,巨大的冰川毫不留情地将那些软弱的岩石带走,它们缓缓移动,形成了冰河,一路蜿蜒而下,冲蚀出了近30米的深沟,形成了今天的约塞米蒂谷的雏形,随着冰川的不断运动,终于造就了今天这个拥有高山、峡谷、草原、湖泊的胜地。

耸立在谷地南面入口处的船长峰 是世界上最大的花岗岩块之一,山峰高1099米,峰壁如刀削斧劈一般,都是当时冰川作用的结果。

公园美景

1864年,当时的美国总统林肯顺应美国国内环境保护的呼声,将包括约塞米蒂谷在内的地区划为保护区。1890年,在自然学家约翰·缪尔的大力促成下,公园正式设立。整个公园从巨杉林到高山草甸分布着将近1500百种植物,公园里有超过1000种观赏性花草。春天,漫山遍野的加利福尼亚罂粟生机勃勃;夏天,芬芳的杜鹃将谷地点缀成花的海洋;秋季的公园则如正在燃烧的火焰,满目都是红黄相间的落叶。美洲黑熊是公园内最大的哺乳动物,冬季来临之前,你可以经常见到它们的身影。另外,公园里还有许多的泉水与溪流,清澈甘甜。难怪约翰·缪尔曾经说:"没有任何人工的楼台庙宇可以与这相媲美,它岩壁上的每一块石头都焕发着生命的光芒。"

梅塞德河从峡谷中穿过 形成了一系列激流瀑布,其中最著名的就是约塞米蒂瀑布,它高739米,是北美洲落差最大的瀑布。

死谷

荒凉而神秘的狭长谷地

在美国加利福尼亚州与内华达州交界处有一条南北走向的狭长谷地，两侧是高耸的悬崖峭壁，那里的气候干燥难忍，甚至终年滴雨不下，是世界上自然景观最为荒凉和自然条件最为严酷的地区之一，它就是"死谷"。

死谷概况

死谷是一条又长又深的断层陷落的谷地，长225千米，宽6~26千米，最低处低于海平面85米，是西半球陆地上最低的地区。死谷形成于300多万年以前，由于强烈的地壳运动，部分岩块凸起成山，部分岩块倾斜成谷。到了冰河时代，排山倒海的积水灌入较低的地势，又经过天长日久的侵蚀、风化，终于形成了这个神秘荒凉的谷地。死谷的自然条件极其恶劣。夏季平均气温在52℃左右，1913年的夏季曾有过57℃高温的历史记载。降水也很稀少，平均年降水量仅为42毫米，最多的年份也只有114毫米。谷底部干涸的阿马戈萨河床上乱石嶙峋。谷中央是一片155平方千米的沙丘群，是谷地中最荒凉的地方。1849年，

死谷周围山势起伏 或呈波涛形，延伸连绵，起伏不断；或似楼阁城墙，巍峨矗立。由于这里气候恶劣，山上几乎没有植物，裸露的山石在阳光下呈现出斑斓的色彩。

黄色、褐色和棕色 来自于山体中的含铁无机物，而绿色和深灰色则来自于火山灰和火山熔岩，奇特的山色使得死谷成为许多科幻电影的外景地，电影《星球大战》的许多镜头就是在这里拍摄的。

「内华达山脉与谷地的交汇处，沟壑纵横……」

> **"恶水"盆地**
>
> 大约300万年以前,死谷是一片巨大的盐湖,后来,由于强烈的蒸发作用和地壳的变动,盐湖变成了盐沼泽,留下了不少奇异的地貌,"恶水"盆地就是其中最著名的一处,这是一片巨大的盐碱地,一眼望去,满目荒凉。

看来阴森恐怖,但一到白天,在阳光的照射下,这些风貌不同的山峰又呈现出瑰丽的色彩,因此被人们称为"画家的调色盘"。1993年,美国在这里建立了死谷国家公园,吸引着大批的游人到此旅游观光。

一队移民误入谷地,迷失了方向,饥饿、干渴和各种虫豸的袭击,几乎使他们全部覆灭,有幸走出死谷的幸存者鉴于这里的险恶荒凉,于是把它命名为"死谷"。

死谷生机

死谷看上去满目荒凉,神秘莫测,但大自然的演变和气候的变化给这里留下了丰富的矿藏——硼砂矿和盐矿。19世纪80年代以后,人们在附近又发现了铜、金、银、铝等矿藏,使这里一度成为热闹的采矿"基地"。而且人迹罕至的特殊环境对动物来说却是难得的繁衍之地。美洲狮、野山羊、大袋鼠、狐狸、眼镜蛇等26种动物在这里栖息,另有14种鸟类在山上筑巢。让人更为惊异的是,内华达山脉与谷地的交汇处,沟壑纵横、怪石林立,夜晚

5000年~2000年以前 死谷附近还有一个浅湖,后来,随着气候的变化,湖水逐渐蒸发,最后在该湖最低处留下了一层盐,形成了我们如今所看到的盐盆。

死谷探险

虽然死谷地势荒凉、险象环生,但因为里面蕴含着丰富的矿产,所以一度成为许多探险家和淘金者的乐园,但许多人却都因此有去无回,丧失了性命。20世纪80年代,法国探险家克里斯蒂昂·诺,骑着自己设计制造的一辆三轮帆车,用了4天的时间,独自穿越了这条荒无人烟的"死亡地带",为人们闯出了一条穿越死谷的新路。三轮帆车是一种两用的交通工具,有风时靠风帆带动小发动机行驶,无风时用备用的自行车脚踏盘系统行驶。克里斯蒂昂只带了一些生活必需品:水、食物和一些修理工具,就出发了,他每天清晨5点出发,4天之内,帆车轮胎曾爆裂过18次,

在世界上一些人迹罕至的地方 还隐伏着许多死谷,有的是人类的坟墓,却是动物的天堂。而有的则固执地杀掉每个闯入的生灵,弥漫着死亡的气息。

从1849年开始 死谷兴起了一股狂热的淘金热潮,但由于这里的气候实在恶劣,采矿业难以继续,使得这里终于又归于荒凉。

但他仍以惊人的毅力,穿过沙地和盐湖,翻越了海拔1000米的山道,成功地走出了"死亡之谷",为人类在"死谷"的探险史揭开了新的一页。

死谷里的"淘金梦"

自从1849年,第一批淘金者偶然造访死谷后,一百多年来,有关死谷藏有大量金矿的消息越传越多,吸引了大批淘金者的到来,一时间,死谷成了淘金者的圣地。有些淘金者发了财,但多数都将性命断送在短暂而冒险的采矿活动中。斯基杜就是当时一个相当有利可图的金矿所在地,在20世纪初,它的巅峰期曾住有五百多名居民。从那里有条电话线通向紧靠死谷的莱奥利特。1906年莱奥利特曾有游泳池及剧场各一个,还有56家酒吧,淘金者可以将赚取的钱用来享用一番。1911年,莱奥利特废弃了,逐渐破落而成为阴森的废城。

死谷的干盐湖地面上 有许多这样的石头滑过留下的痕迹,据说石头在地面上滑动的速度可以达到1米/秒。

神奇的"走路石"

死谷中的自然奇观很多,这里有着壮观的沙漠景致、罕见的沙漠生物、奇特的地理特征、沉睡的荒野和不少历史遗迹。例如,在死谷的西北角,人们就发现,那里的石头竟然像动物一样,会穿梭、走路。1969年,美国科学家夏普针对这种特殊的现象进行了研究。他把25块石头按从小到大的顺序排列,还用木桩准确地标出了它们的位置。经过观察,他发现这些石头都做了短距离的移动,有的向同一方向运动,有的却改变了方向,在沙漠上留下了弯弯曲曲的足迹。其中有一块竟然连续爬了几段坡,行进了64米。但是,石头怎么会移动呢?夏普认为,这是风和冰相结合的结果。在天气条件正好合适的情况下,平坦的干盐湖上就会结一层薄薄的冰,这时,如果有强大的飓风刮过死谷,就会使石头在平滑的冰面上移动,因此,产生了"石头走路"这种奇特的现象。

美国以外其他地区的死谷

与美国的死谷同样令人生畏的谷地还有意大利那不勒斯附近的一个"死亡谷",这里被当地人称为"动物的墓场",无论是飞禽还是走兽,只要来到这里都逃不脱死亡的厄运。另外,印度尼西亚的爪哇岛、俄罗斯的堪察加半岛克罗诺基山区也有类似的"死谷"。

科罗拉多大峡谷

活的地质史教科书

> 不管你走过多少路，不管你见过多少名山大川，这个科罗拉多大峡谷，色调是那么新奇，结构上是那么宏伟，仿佛只能存在于另一个世界，另一个星球。
>
> ——约翰·缪尔

峡谷概况

在美国西部亚利桑那州西北部，奔腾的科罗拉多河日夜不息，汹涌向前，在广阔的凯巴布高原上切割出一道令人震撼的奇迹——科罗拉多大峡谷。峡谷大体呈

由于河谷地层在结构、硬度上的差异和河水千万年的冲刷，在长长的峡谷间，谷壁地层断面节理清晰，层层叠叠，记录了不同时期的地质史。

科罗拉多大峡谷 是地球上景色最壮丽的地方之一，1903年美国总统罗斯福来此游览时，曾感叹地说："大峡谷使我充满了敬畏，它无可比拟，无法形容，在这辽阔的世界上，绝无仅有。"

峡谷岩石

大峡谷的岩石包括砂岩、页岩、石灰岩等，自谷底向上按水平层次排列。这些岩石质地不一，而且颜色会随着不同季节里植被、气候的变化而发生改变，构成了一幅变幻莫测的自然画卷。

东西走向，东起科罗拉多河汇入处，西到内华达州界附近的格兰德瓦什崖附近，形状极不规则。峡谷顶宽6000～13000米，往下收缩成V字形，两岸北高南低，平均谷深1600米，谷底水面最宽处超过千米，最窄处仅为120米。科罗拉多河在谷底咆哮而过，形成两山壁立、一水中流的奇特景观。峡谷山石多为红色，从谷底到顶部分布着从寒武纪到新生代各个时期的岩层，层次清晰，色调各异，并且含有各个地质

年代代表性的生物化石，记录了北美大陆的沧桑巨变和生物演化的进程，俨然一部"活的地质史教科书"。

峡谷物候

汹涌的科罗拉多河从峡谷中间穿过，形成了峡谷南北两岸不同的气候。南岸大部分地区海拔1800～2000米，年平均降水量仅为382毫米。而北岸要比南岸高出400～600米，年平均降水量达到685毫米，因此这里的植物分布呈现出明显的垂直变化。从谷底的亚热带仙人掌、半荒漠灌木，向上依次更替为温带和寒带的橡树、松树、云杉和冷杉林。大峡谷中还栖息着大约70种哺乳动物、40余种两栖和爬行动物，其中凯巴布松鼠、玫瑰色响尾蛇都是世界上绝无仅有的。另外，峡谷中还生活有230种鸟类，其中不乏珍稀的白头鹰、美洲隼等。

峡谷两壁及谷底气候、景观有很大不同　南壁干暖，植物稀少；北部高于南壁，气候寒湿；谷底则干燥炎热，呈现出一片荒漠景观。

峡谷的变迁

亿万年前，大峡谷所处的地区还是一片汪洋大海。后来一场剧烈的造山运动使它不断抬升。然而，由于这里的石质松软，经过湍急的科罗拉多河数百万年的冲刷，两岸的岩壁被切割成今天这个全程近400千米、宽约20千米的世界著名峡谷。

俯瞰峡谷，科罗拉多河像一条绿色的飘带蜿蜒曲折、轻溢流动。真让人难以想象，就是这样一条"小河"，曾经携带着上百万吨的泥沙，用了近260万年的时间，从科罗拉多州的落基山咆哮而下，造就了今天原始荒蛮、苍茫深邃的科罗拉多大峡谷。

科罗拉多河 全长2320千米，在西班牙语中是"红河"的意思，这是因为河水中夹带着大量的红色泥沙，因此得名。

正像美国当代作家弗兰克·沃特斯所写："这是大自然各个侧面的凝聚点，这是大自然同时的微笑和恐惧。在它的内心充满如生命宇宙脱缰的野性愤怒，同时又饱含着愤怒平息后的清纯，这就是创造。"

河水 携带的泥沙和石块不断地摩擦峡谷，使得河道两边的峭壁奇形怪状。

「这是大自然各个侧面的凝聚点，这是大自然同时的微笑……」

漫长的地质史

大峡谷之所以名扬天下,不仅是因为其气象万千的自然风光,更在于它水平叠起的岩层。它就像一部活的"地质百科全书",记录了地球5亿年来的沧桑巨变。

大峡谷两侧的崖壁上,有着各个不同地质时代的岩层,层次清楚,色泽鲜艳。由上而下,有前寒武纪、古生代、中生代各个时期的岩层。在层层叠叠的中生代和古生代岩层中,还含有十分丰富的标准化石,有原始的单细胞植物、原始鱼类、三叶虫、昆虫、羊齿植物,也有巨大的爬行类动物等等。总之,各个地质时期的代表性生物化石应有尽有。

科罗拉多大峡谷就像一卷无字图书,记录了地球生物的演化过程,为人类揭开地层和生物的演化奥秘提供了丰富的实物证据。

这些层次分明的岩石 代表着不同地质时代的特征,颜色各异,褐色的、黑色的、红色的、紫色的,相间成趣。正是因为这些五彩缤纷的岩石、矿物,才使大峡谷的景观缤纷多彩,瞬息万变,奇妙无比。

由于峡谷很深 因此底部温暖,水汽很容易在峡谷上空形成美丽的彩虹。

大转弯

被河流切割出来的特殊地带

鸟瞰美国德克萨斯州地区，你会发现在西南角有一块浓重的绿色，那里地形多变，各种鱼类、鸟类自然生息，安静的格朗德河蜿蜒而过，这就是被当地人称为"自然海岸"的大转弯国家公园。

大转弯国家公园

大转弯国家公园是德克萨斯州有名的旅游胜地，格朗德河切割南落基山脉在这里形成一个几乎呈直角的峡谷地带，大转弯也由此得名。公园建于1949年，占地面积将近3000平方千米，经过格朗德河亿万年的冲刷，公园里形成了三个巨大的峡谷：博基拉斯峡谷、马里斯卡尔峡谷和圣曼伦娜峡谷。这里一度曾是印第安人的聚居之所，现在则成了游客的栖息地。从高处俯瞰，整个公园呈现出一片荒原景观，无边的沙丘一直延伸到天边。巨大的奇索斯山脉像一堵墙横亘在公园的东部，黄昏时候，夕阳照在山脉上，山上的石头反射出通红的光，像着了火一样，蔚为奇观。穿过公园，到达博基拉斯峡谷的尽头，就是墨西哥的国土了，用土坯修建的墨西哥村落静静地眺望着对面的公园，别有一番情趣。

格朗德河　宽50米，长约3000千米，蜿蜒的河水从奇索斯山高大的山崖下流过，天长日久，将两岸的岩石侵蚀出许多美妙的景象。

奇索斯山脉　位于大转弯地区的中心地带，形成于4000万年前大规模的火山爆发。奇索斯山脉上生长着大量奇怪的生物，山脚下，巨大怪异的龙舌兰吸引着世界各地的生物学家来这里考察。

火山奇迹

公园的西部也是一片荒漠地带，但却与其他地方给人的千篇一律的单调感觉截然不同，这里充满了火山运动的痕迹。在大约4000万年以前，这里曾经是一片地壳运动非常活跃的地区，公园里著名的奇索斯山脉就是那时大规模的火山爆发形成的。最为奇特的是，这里的山脉颜色多姿多彩，除了红色的奇索斯山之外，还有包括绿色在内的多种颜色的火山灰堆积而成的山羊山。在公路的两旁，还有一些白色的小山丘，那是由白色的火山灰凝固而成

埃莫瑞峰是奇索斯山脉的主峰　高约2347米，这么高的海拔使得那里的生物丰富多样。

的。据考证，在远古时期，这里和黄石国家公园一样，是地壳的一个热点所在，拥有数不清的热喷泉。火山运动转移后，这些喷泉的泉眼被不同的沙石填满，又经过长年累月的风霜侵蚀，便逐渐形成了现在这种奇特的景色。

荒原上的生物

虽然公园地貌荒凉，但在奇索斯山脉的主峰埃莫瑞峰上，却别有一番景色。山上气候凉爽，树林茂密，但由于四周都是荒漠，非常炎热，因此山上的动植物世世代代被"困"在那里，与世隔绝地繁衍，形成了一个奇特的生态岛屿。

峡谷沟壑篇

科尔卡大峡谷

地球上的环形山

秘鲁境内高耸入云的安第斯山脉中，有一个鲜为人知的峡谷，深度是科罗拉多大峡谷的两倍，被誉为世界上最深的峡谷，这就是科尔卡大峡谷。令人吃惊的是，峡谷中屹立着许多锥形火山，顶部为圆形的火山口，好像月球上的环形山全部转移到了这里。

峡谷奇景

科尔卡大峡谷深约3203米，是目前所知世界上最深的峡谷，看起来像是一把巨大的砍刀在安第斯山脉上拦腰砍了一下。这里景象诡异，十分奇特。在科尔卡大峡谷的山脉间有一条64千米长的山谷，被称为火山谷，谷底林立着86座锥形火山，有的高达300米。它们有的从原野上隆起，有的位于山麓周围，已经固化成黑色熔岩。在一些火山锥上还有仙人掌和粗茎凤梨等植物。在火山谷和太平洋之间还有一条热沙沟，名叫托罗·穆埃尔托，里面堆积着白色砾石。让人奇怪的是，好些砾石上面刻有代表太阳的圆盘形物体、各种几何形状、蛇、美洲驼以及戴着奇形头盔（像宇航员的头盔）的人，直到现在也没有人知道这些图形是谁雕刻的，具体代表着什么。

安第斯山脉 那时常被云雾笼罩的山峰，屹立于谷地之上达3200多米。

神秘的蒲雅

科尔卡地区土地贫瘠，谷壁上只长有一些蒲雅属植物，它们高约1米，主干很粗，叶子边缘长有锋利的弯钩，向四面八方伸出。令人感到惊讶的是，在蒲雅的周围经常有许多小鸟的尸骸。

有些生物学家认为 蒲雅中含有吸收鸟类的化学物质，能把小鸟"吃"掉。

「这里景象诡异，十分奇特。在科尔卡大峡谷上的山脉间有一条64千米长的山谷……」

峡谷成因

峡谷的地质成因与该地区存在地幔上涌体引起的热力抬升有关，是地幔上涌体或地幔热涡作用的结果。在这里，岩浆作用表现为喷发形式出露于地表，组成峡谷一侧的高山地幔物质的上涌，物质流的左旋运动，强烈的挤压，以及多阶段、非均匀、不等速的强烈上升作用，造就了现阶段大峡谷地区的山河（它的高山峡谷的表现、结构和组合），而"热涡"作用显然也参与了大峡谷作为水汽通道存在的形成和作用过程。它引起岩石圈的减薄和类似的岩浆作用，使得相应的地壳快速抬升从而形成了科尔卡大峡谷。

科尔卡大峡谷 中巨大的火山口周围屹立着许多火山锥，好像月球的表面一样。

对于砾石上的痕迹 有人推测是1000多年前来到这里的游牧民族留下的。

东非大裂谷

地球上的一道伤疤

如果乘坐飞机飞越浩瀚的印度洋，进入东非大陆的赤道上空，从机窗向下俯视，就可以发现地面上有一道硕大无朋的"刀痕"呈现在眼前，这就是著名的东非大裂谷。裂谷宽50~80千米，最深的地方超过2000米，长度相当于地球赤道周长的1/6，人们形象地将其称为"地球上的一道伤疤"。

这是从太空中拍摄到的东非大裂谷的北段，位于非洲板块和阿拉伯板块之间，被水淹没的断层形成了苏伊士湾（左）和亚喀巴湾（右）。

这是东非大裂谷旁边的欧而多因佑连盖火山，火山喷发出来的熔岩在夜间发出耀眼的红光。

裂谷全貌

东非大裂谷南起赞比西河的下游谷地，向北延伸到马拉维湖北部，并在此分为东西两条。东面的一条是主裂谷，穿越坦桑尼亚中部的埃亚西湖、纳特龙湖，经肯尼亚北部的图尔卡纳湖以及埃塞俄比亚高原中部的阿巴亚湖，继续向北直抵红海和亚西湾，全长5000多千米。西面的一条经坦噶尼喀湖、基伍湖一直到苏丹境内的白尼罗河，全长1700多千米。从整个非洲大陆来看，东非大裂谷是全非洲最高的地带，属东非裂谷高原区，总面积500多万平方千米，占非洲面积的1/6，非洲几座海拔在4500米以上的高峰，全部分布在这个自然区域内。

东非大裂谷 是因为地球内部的构造作用形成的，但据推测，数百万年后，强烈的侵蚀作用会将它们夷为平地。

裂谷的形成

东非大裂谷是一个断层陷落带，是在地壳运动过程中由巨大的断裂作用形成的。大约3000万年以前，这一地区的地壳正处于大运动时期，整个区域出现抬升现象，地壳下面的地幔物质上升分流，产生巨大的张力，从而导致地壳出现了裂缝。

东非大裂谷 四周被高山环绕，山顶至谷底的距离超过2000米。

坦噶尼喀湖

坦噶尼喀湖位于大裂谷西支的南端，长约670千米，最宽的地方只有70千米，是世界上最狭长的湖泊。坦噶尼喀湖分别属于四个国家，东边是坦桑尼亚，北边是布隆迪，西边是刚果，南边是赞比亚，是世界上分属国家最多的湖泊。

首先，地壳出现两条大致平行的大断裂；紧接着，裂缝中间的地面渐渐下沉，同时断裂的两翼相对抬升，形成裂谷的两壁和一条深陷下去的宽带状低地。由于抬升运动不断进行，地壳的断裂不断产生，地下熔岩不断地涌出，渐渐形成了高大的熔岩高原。逐渐地，高原上的火山变成众多的山峰，而断裂的下陷地带则成为大裂谷的谷底。

目前，东非大裂谷仍是极不稳定的地带，火山和地震活动十分频繁。

第五章
雪山秘境篇
Part 5
Mysterious Jokul

在我们生活的这个星球上,有一种特殊的景观,那就是雪山。有人曾这样形容它们:"巍巍群峰攀云天,茫茫雪域耀日月。"由于它们往往地处偏远,因此人类的足迹常常无法到达,这也给它们蒙上了一层神秘的面纱。

千百年来,那圣洁的珠穆朗玛峰、在云层中闪光的圣埃利亚斯冰山、饱受冰火洗礼的乞力马扎罗山……一直吸引着人们去追寻、去探索。如今,我们就带领您走进这片神秘的世界,去发掘其中的真谛。

博卡拉

热带的雪山之城

博卡拉位于尼泊尔中部喜马拉雅山南麓的河谷上，是尼泊尔最负盛名的风景地。在它的旁边，秀丽的安纳普纳山脉终年积雪，河谷地区则属于典型的热带海洋性季风气候。所以，博卡拉称得上是一座特别的"雪山之城"。

安纳普纳雪山

雄伟壮观的安纳普纳雪山是博卡拉最令人神驰的风景，包括从第一至第五峰以及南峰，分属道拉吉里山系和安纳普纳山系。其中，第一峰最高，海拔8091米。而占主导地位的却数梅士朴士拉峰，即鱼尾峰。鱼尾峰属于典型的针尖状雪峰。

如果你想从最近观山景的话，珠峰机场的飞机会带你从博卡拉出发，让你从空中俯瞰西部喜马拉雅山脉的雄伟风光，它那鱼尾状的山顶仿若漂浮在地平线上。山脚下，是尼泊尔著名的佩瓦湖，美丽的鱼尾峰倒映在佩瓦湖里，秀丽奇特。

博卡拉周围的雪山　因为攀登难度不大，再加上沿途服务设施优越，长期以来一直是世界各国登山运动员攀登喜马拉雅山几座8000米以上雪峰重要的准备基地与训练场所，是世界各国旅行者公认的"徒步天堂"。

煊赫王朝的背影

古代的加德满都王国、李斯哈韦斯王国和马拉斯王国的统治曾在一段时期内影响着博卡拉地区。当这些王朝陷入你争我夺的征战中时，博卡拉谷地和周边地区也变得四分五裂，饱经战乱的蹂躏。这段时期被称为昭比斯拉雅或二十四国时代。卡尔曼丹·沙哈就是在这期间建立了尼泊尔王国。他的后代杜拉巴沙哈于1768年建立起沿袭至今的尼泊尔沙哈王朝。

「河谷最动人心魄的奇景是那皑皑的雪山……」

博卡拉河谷

博卡拉河谷位于尼泊尔首都加德满都西部约200千米的地方,河谷宽广平坦。在河谷底部,植物主要以热带乔木娑罗双树为主,而在低山丘陵附近的村寨则长满高大的榕树,蔚为奇观。博卡拉河谷最动人心魄的奇景是那皑皑的雪山,自西向东,海拔超过7000米,它们背向蓝天,森然矗立。河谷中还有为数众多的湖泊,其中最大的为翡华湖,其最宽处近10千米,碧蓝的湖水由不远处的安纳普纳雪山的冰川补给。湖水晶莹澄澈,湖中盛产鲤鱼、鳟鱼等。湖中心的小岛上建有巴拉希塔式寺庙,里面供奉着巴拉希神,是尼泊尔著名的朝圣圣地之一。河谷中

翡华湖 位于博卡拉河谷的南面,湖面宽阔,是一个天然的淡水湖。

最大的河流是色地河,"色地"在尼泊尔语中为"白色"之意,色地河上游流经石炭岩地区,溶有大量石灰质,河水色似乳脂,因而得名。河谷以西是卡利甘大吉河,尼泊尔语意为"黑河",因其上游流经黑色页岩和粘板岩风化地区,河水乌黑而得名。这两条河流平行,相距不远,水色黑白分明,为河谷奇观。

鱼尾峰属安纳普纳山系 整座山峰由两个峰巅组成,因整体形似鱼尾而得名。鱼尾峰是尼泊尔人眼中的圣地,是女神的住所,至今还没有人攀登过。

珠穆朗玛峰

圣洁的"雪山女神"

珠穆朗玛峰位于中国与尼泊尔交界处的喜马拉雅山脉的中段,海拔8844.43米,是世界第一高峰。"珠穆朗玛"在藏族神话中被认为是五位雪山女神中的第三位,是万山之尊、地球之巅。

珠穆朗玛峰的气候 具有明显的季风特征,且南北坡气候差异很大,北坡降水少,呈大陆性高原气候特征。

珠穆朗玛峰陡峭高峻 山峰上部终年为冰雪覆盖,呈巨大的金字塔状。

珠穆朗玛峰的概况

珠穆朗玛峰山体呈巨型金字塔状，威武雄壮，昂首天外，地势极端险峻，环境异常复杂。其雪线高度北坡为5800～6200米，南坡为5500～6100米。东北山脊、东南山脊和西山山脊中间夹着三大陡壁，在这些山脊和峭壁之间又分布着548条大陆型冰川，总面积达1457.07平方千米，平均厚度达7260米。冰川上不仅有千姿百态、瑰丽罕见的冰塔林，高达数十米的冰陡崖和步步陷井的明暗冰裂隙，还有险象环生的冰崩、雪崩区。在珠峰周围20千米的范围内，群峰林立，层峦叠嶂，仅海拔7000米

在珠峰北坡 海拔7450米处为冰雪和岩石的交界线，其下冰雪皑皑，上部崖壁陡峭，风力强劲，冰雪无法积存。峰顶常为云雾笼罩，似以珠峰为旗杠而自西向东飘动的旗帜，这就是珠峰特有的气象现象，人称旗云。

由于珠穆朗玛峰高峻陡峭，气候又十分恶劣，相对来说难以企及，因此又被称为"地球的第三极"。

> **成长中的珠穆朗玛峰**
>
> 珠穆朗玛峰是典型的断块上升山峰，在第四纪的300万年间约上升了3000米，平均1万年上升10米；而最近的1万年，它却上升了370米，即一年就上升了3.7厘米。但据最新数据表明，近时期内珠峰已停止了升高且出现下降趋势。

以上的高峰就有40多座。

珠穆朗玛峰的气候

珠峰地区及其附近高峰的气候复杂多变，即使在一天之内，也往往变化莫测，更不用说在一年四季之内的翻云覆雨了。大体来说，每年6月初～9月中旬为雨季，强烈的东南季风造成暴雨频繁，云雾弥漫，冰雪肆虐无常的恶劣气候。11月中旬到翌年2月中旬，因受强劲的西北寒流控制，这里最低气温可达零下60℃，平均气温也在零下40℃至零下50℃之间，最大风速可达90米/秒。每年3月初～5月末，这里是风季过度至雨季的春季，而9月初～10月末是雨季过渡至风季的秋季。在此期间，有可能出现较好的天气，是登山的最佳季节。

麦金利山

太阳的家乡

麦金利山位于美国阿拉斯加山脉中段,海拔6193米,是北美洲最高峰。这里地处边陲、人烟稀少,大部分地区终年积雪。"麦金利山"原名"丹那利山",在印第安语中的意思是"太阳之家",后来,为纪念美国第25届总统威廉·麦金利而改名为"麦金利山"。

山区概况

麦金利山在构造上属于太平洋边缘山带,为巨大的背斜褶皱花岗岩断块山,山顶终年积雪,雪线高度为1830米,发育有规模很大的现代冰川,主要有卡希尔特纳冰川和鲁斯冰川等。麦金利山区由于受到温暖的太平洋暖气流的影响,气候比较温和,到了夏季整个山麓更是一片青翠。海拔762米以下是大片的森林,以云杉树和桦树林为主,绿色的森林、洁白的山峰、广阔的冰川在阳光的照射下熠熠生辉,相映成趣。

1917年 美国政府将包括麦金利山在内的6800平方千米的地区开辟为丹那利国家公园,这也是美国仅次于黄石国家公园的第二大国家公园。

最原始的自然生态

麦金利山地处北极圈附近广阔的大平原上,层层的冰雪掩盖着山体,无数的冰河纵横其中,冬季最冷的时候气温低于零下50℃,风速最快可以达到160千米/小时,

麦金利山 是第三纪晚期和第四纪隆起的巨大的穹隆状山脉,有南北二峰,南峰高6193米,北峰高5934米。

「绿色的森林、洁白的山峰、广阔的冰川在阳光的照射下熠熠生辉，相映成趣……」

因此只有那些能够捱过漫长寒冷冬季的动植物才能在这里生存。但就是在这样一个地方，却保持着一种特殊的自然生态。在麦金利山所处的丹那利国家公园里，生活着超过35种以上的动物、130余种鸟类和数百种的植物，所有的一切都顺应着大自然的规律自然生长，并没有因为人类的出现而遭到任何破坏。由于这里的许多地区都是永久冻土区，因此，植物普遍都很低矮，最高大的柏树也不过长到三四米左右。公园中禁止使用私人的交通工具，并且不允许携带任何武器，人类在这儿只是一个旁观者的角色，这也是公园的生态保存得如此完好的重要原因之一。

虽然地处北极圈附近 但由于大量冰川融水的汇入，在麦金利山脚下形成了许多湖泊。

艰难的登山路

由于麦金利山特殊的地理位置和气候条件，使它成为许多登山爱好者梦想征服的圣地，但直到1913年，以特德森·华斯伯为队长的登山队才第一次登上了这座号称北美第一高峰的顶峰。

朗格尔
——圣埃利亚斯冰山

闪 光 的 云 彩

俄国探险家白令曾率一支探险队从西伯利亚向东航行穿越北太平洋,经过六个星期的旅行到达了美国的阿拉斯加境内。在那里,探险队发现了一座像云彩一样闪闪发光的山脉,这就是朗格尔—圣埃利亚斯冰山。

位于公园内的马拉斯皮纳冰川 是世界上最大的山麓冰川之一,它是以1791年抵达这里的意大利探险家马拉斯皮纳的名字命名的。冰川脚下,是美丽的库铂河。

「圣埃利亚斯冰山位于公园的东南部，海拔5402米，是公园内最高的山脉……」

朗格尔—圣埃利亚斯冰山公园

1979年，朗格尔－圣埃利亚斯冰山被认定为世界自然遗产，1980年，美国政府宣布在这里建立国家公园。公园占地近5万平方千米，是阿拉斯加地区最大的国家公园。圣埃利亚斯冰山位于公园的东南部，海拔5402米，是公园内最高的山脉。朗格尔冰山坐落在圣埃利亚斯冰山的西北方向，相对圣埃利亚斯冰山而言，朗格尔冰山只是个小兄弟，海拔只有4800米。朗格尔－圣埃利亚斯冰山包括4座冰川火山，其中只有朗格尔冰山还是一座活火山，它上一次爆发的时间是在1900年。

探险队抵达圣埃利亚斯冰山时　正好是俄国传统日历上的"圣埃利亚斯日"，因此，这座山峰便被命名为"圣埃利亚斯冰山"。

野生动物

复杂的野外环境导致朗格尔—圣埃利亚斯冰山公园内的动物有着惊人的多样性。南海岸附近，鲸、海象等海洋哺乳类动物在自由地巡游；高山地区，警觉的野生白山羊、白头海雕和游隼在寻找食物或躲避敌人的追踪。其中，野生白山羊是这一地区特有的动物，它们多生活在树木线以上的陡峭山坡或悬崖上，即使寒冷的冬天也不会下到下面的山谷。它们的行动缓慢，但步伐十分稳健，非常善于在悬崖峭壁间攀登跳跃。除此之外，驼鹿、棕熊、黑熊、狼以及北美驯鹿和野牛也是公园的常客，人们经常可以见它们在峡谷或山坡上游荡。同时，这里也是从北极圈和阿拉斯加飞来的鸟类在最南边的栖息地之一。

冰川地形

圣埃利亚斯冰山延伸到保护区的大部分地区，拥有很多高大的山峰，其中包括海拔5959米的落根山脉，为加拿大境内的最高山脉。湿润的太平洋季风带来了大量降水和降雪，形成了广大的冰雪地带和冰川。36条主要河流流经此地，冲刷着该地区的淤泥和石块，改变着此地的地形。

野生白山羊　又叫雪羊、石山羊，其肩部凸起，四肢短小，浑身披着浓密的白色绒毛，外形与普通山羊非常相似。

雷尼尔山

上帝的雪冠

雷尼尔山是世界上最雄伟壮观的山岭之一,海拔4323米,比它邻近的山峰要高出2000米。它拥有除了阿拉斯加以外最大的单一冰河以及最大的冰河系统,山顶终年积雪覆盖,那白雪皑皑的山头就像是一顶洁白的雪冠。

早期登山者的天堂

第一个发现雷尼尔山的是欧洲人乔治·范库弗上尉。1792年,他在为英国皇家学院绘制帕基特海峡地图时发现了这座高山,他在笔记中描绘道:"这是一座高险陡峭、白雪皑皑的山峰,充满迷人的景象。"后来,他又用好朋友皮特·雷尼尔的名字为此山命名。其实,邻近的印第安人早就知道这座高山,并将它称呼为"塔荷马",也就是"上帝之山"。两个多世

在邻近的印第安部落 雷尼尔山被称为"上帝之山",地球上有史以来全年最大的降雪量就出现在这里。

纪以来,雷尼尔山吸引着来自世界各地的登山爱好者。1886年,早期登上雷尼尔山的贝利曾经写下这样的诗篇:"从山顶四望,是令人难忘的雄伟和广阔,1500米以下的景色都隐没在雾海之中,只有较高的山峰探出,如海中浮岛。"也正是如此,越来越多的人把登上雷尼尔山当成了一种挑战、一种享受。

雷尼尔山属于喀斯喀特山脉 山顶冰封一片,山脚下却繁花似锦。

雷尼尔山国家公园

　　雷尼尔山国家公园创立于1899年，公园包括原始的雨林以及高原，占地980平方千米。雷尼尔山国家公园是华盛顿州的标志，当地人的许多器物上都画有该山的图案。因此，对当地的人而言，雷尼尔山更带有几分神秘的气息，是他们的神圣之地。公园中最引人入胜的两个景点是"天堂"和"日出"。天堂，顾名思义就是像天堂一样美丽的地方，位于雷尼尔山西南方的隆迈尔山的北面，高约1402米。这里除了有美丽的山景之外还有潺潺的流水和晶莹的湖泊，秀丽的景色每年都吸引大批游客来此游玩。位于雷尼尔山北部的"日出"则是国家公园内最高的景点，也是观察山景的最佳地点，在这里不仅可以欣赏到壮丽的冰河风光，还可以眺望公园内另一座山峰——贝克山以及遥远的太平洋，喜欢研究大自然的人在这里能得到最好的满足。

雷尼尔山山麓　长满葱郁的树木，黑尾鹿、高山羊等在里面自由穿梭，形成了一幅和谐的自然生态画面。

乞力马扎罗山

在冰与火的交融中诞生的奇迹

乞力马扎罗山是非洲的至高点,位于坦桑尼亚最北部,"乞力马扎罗"这个名字来源于东非的斯瓦里西语,意思是"光明的山"。这座山诞生于冰与火的洗礼中,山麓温度高达60℃,山顶却是白雪皑皑,成为赤道附近一道壮丽的风景。

乞力马扎罗山山区野生动物繁多,为了保护这些动物资源并充分利用其旅游资源,坦桑尼亚政府已经将此地划为乞力马扎罗禁猎区。

「从远处望去，蓝色的山基赏心悦目，而白雪皑皑的山顶似乎在空中盘旋……」

沉睡的火山

乞力马扎罗山是一座仍在活动的休眠火山，由三座山峰组成，最近的一次爆发是在一万多年以前。山峰中最古老的是希拉火山，它位于主山的西面，是伴随着一次猛烈的喷发而坍塌的，留下高3180米的高原；紧随其后的是马文济火山，它是一座独特的山峰，附属于最高峰的东坡，高度有5334米。三座火山中最年轻、最大的是基博火山，它是在一系列喷发中形成的。基博峰顶有一个直径2400米、深200米的火山口，口内四壁是晶莹无瑕的冰层，底部耸立着巨大的冰柱，冰雪覆盖，宛如巨大的玉盆。巍峨的火山傲然耸立，周围并无其他山脉相伴。

灿烂的雪冠

乞力马扎罗山的轮廓非常鲜明：缓缓上升的斜坡引向一个长长的、扁平的山

乞力马扎罗山 高5963米，山域面积为756平方千米，因此又有"非洲屋脊"之称。

1973年 坦桑尼亚政府在乞力马扎罗山设立国家公园，整个公园由林木线以上的所有山区和穿过山地森林带的6个森林走廊组成。

顶。在酷热的日子里，从远处望去，蓝色的山基赏心悦目，而白雪皑皑的山顶似乎在空中盘旋，常伸展到雪线以下的飘渺的云雾增加了这种幻觉。在过去的几个世纪里，乞力马扎罗山一直是一座神秘而迷人的山——没有人真的相信在赤道附近居然有这样一座覆盖着白雪的山。关于雪峰的形成，有一个古老的传说。在很久以前，天神与恶魔发生了战争，恶魔从山内点燃大火，而天神则降下暴雨，最终将大火熄灭。从此，凶恶的火神被制服了，而乞力马扎罗山也因此戴上了灿烂的雪冠。

"草原之帆"的子民

乞力马扎罗山在坦桑尼亚人心目中神圣无比，他们对乞力马扎罗山敬若神灵。很多部族每年都要在山脚下举行各种传统的祭祀活动。他们把自己看做是"草原之帆"下的子民，绝不允许有人对这座山有任何不敬。

第六章
特色地貌篇

Part 6
Characteristic Landforms

从诞生之初,地球就在不断经历着沧海桑田的巨变,而这种变化的直接结果就是导致了地球表面多种多样的地形地貌:冰川、河谷、沙漠、岩石、盆地、岛屿,无所不有、无处不在。在欧洲、在亚洲、在非洲,大自然用它的鬼斧神工为人类打造了一个多姿多彩的世界:充满传奇色彩的巨人之路向人们展示出一个用规则的六棱柱体搭建的古老传说;令人瞠目结舌的波浪岩将惊涛骇浪凝固在转瞬之间;荒凉广阔的撒哈拉,坚韧不拔的生命在这里谱写出万种风情;沉寂的岩塔沙漠,狂风与暴雨在荒野里立下了一座座没有标记的墓碑;荒芜的卡拉哈里,奥卡万戈三角洲执着地投下了一颗耀眼的明珠……

巨人之路

断崖上的石柱巨人

在位于北爱尔兰贝尔法斯特西北约80千米处大西洋柏贾恩茨考斯韦海岸高达110米的断崖上,4万多根巨大的石柱由陆地向海洋绵延成一条数千米长的堤道,这就是北爱尔兰著名的景观——巨人之路。

巨人之路上的每根玄武岩石柱,都是由若干块六棱状石块叠合在一起组成的。

「从空中俯瞰，这条巨大的赭褐色石头大堤在蔚蓝色的大海的衬托下，气势磅礴……」

巨人之路的形成

"巨人之路"这个名字起源于爱尔兰古老的民间传说。据说，巨人麦·克库尔为了与对岸的敌人交战，便把一根根巨大的岩柱移到海中，想修成一条渡海通道。后来，他的对手见到他伟岸的身躯，不敢恋战，于是毁坏石柱后逃离了爱尔兰。石柱通道的残余部分就是我们今天看到的"巨人之路"。其实，这只是一个美丽的传说。"巨人之路"完全是大自然的杰作。在北大西洋形成初期，现在的苏格兰西部至北爱尔兰一带的火山活动十分频繁，剧烈的火山运动导致大量灼热的岩浆从裂开的地壳中喷涌而出。后来随着火山运动的平息，岩浆逐渐冷却、收缩，最后结晶成巨大的玄武岩。在这一过程中，由于熔岩收缩得非常均匀，以至于再裂开时便形成了现在这种非常规则的六棱柱状。

巨人之路的具体形象

从空中俯瞰，这条巨大的赭褐色石头

冰川的侵蚀和大西洋海浪 天长日久的冲刷也是"巨人之路"形成的原因之一。

大堤在蔚蓝色的大海的衬托下，气势磅礴，格外雄壮。这里的每一根玄武岩柱的宽度都超过了0.45米，有的高出海面6米以上，最高的可以达到12米左右；也有的隐没在海面以下或与海水齐平。大量高低错落的石柱排列在一起，组成了壮观的玄武岩石柱林，十分奇特。其实，类似的柱状玄武岩地貌景观在世界其他地方也有分布，如苏格兰内赫布里底群岛的斯塔法岛、冰岛南部、中国江苏六合县的柱子山等。但是，表现得如此完整和壮观的却只有这一处，因此，它不仅为广大的旅游爱好者提供了一个休闲的圣地，更重要的是为地球科学的研究提供了宝贵的资料。

苏格兰的内赫布里底群岛 也有大部分发育良好的玄武岩柱，而且，还有一些岩柱被海水侵蚀出一个个巨大的岩洞。

格雷梅国家公园

神秘而荒凉的远古迷宫

在土尔其首都安卡拉东南大约300千米的地方,有一片面积将近4000平方千米的荒原,那里岩石裸露、寸草不生。但在河谷两旁的悬崖上和地底下,却有成百上千座古老的岩穴教堂和不计其数的洞穴式住房,那里就是格雷梅国家公园。

「放眼望去,悬崖、深谷、岩石遍地,火山岩尖上的沉积物好像被切削成了几百座古堡……」

奇特的地貌

格雷梅公园所处的位置是由远古时代的5座大火山喷发出来的熔岩构成的火山岩高原。数百万年前,卡帕多西亚火山大爆发,火山灰覆盖了整个卡帕多西亚地区,岩浆冷却后,就形成了这种极为奇特的地形地貌。

放眼望去,悬崖、深谷、岩石遍地,火山岩尖上的沉积物好像被切削成了几百座奇形怪状的古堡、石笋、断岩和岩洞,它们是由火山熔岩硬化后,经过了千百年的风雨侵蚀而最终形成的。山体上寸草不生、岩石裸露,与光秃的山体成鲜明对比的是林木茂盛的山间峡谷。

由于峡谷内风力较弱,日照时间短,水分蒸发少,空气的相对湿度较大,适宜植物的生长和人类的生活。所以,公园的村镇、道路以及古建筑遗址大都沿着峡谷分布。

> **为上帝而活的人**
>
> 过去的时代里,曾经有人躲藏在这不毛之地过着与世隔绝的生活。那是一群只为上帝活着的人。为了坚守信仰,他们躲入了地下,把岩质松软的火山岩凿通,在里面建起无数的房间,并将洞穴粉饰布置成教堂,在墙壁上画上《圣经》中的人物画像,那些画像至今仍色彩鲜明、清晰可见。

由于火山灰含有大量的养分　因此峡谷中长满了茂密的绿色植被。

格雷梅地区　的岩石质地较软、孔隙很多，抗风化能力很差，经过风和水流长年的侵蚀，形成了如今这种奇形怪状的地貌。

卡帕多西亚石窟

在格雷梅国家公园内保存着数量众多的建于古代卡帕多西亚时期的山地洞穴和地下建筑遗迹。

在格雷梅山谷，每一座小尖岩都被巧妙地挖凿成带有穹顶、圆柱和拱门的十字形状，洞壁、穹顶和圆柱上都装饰着美不胜收的壁画。

格雷梅国家公园还拥有庞大的地下建筑群。1963年，在卡帕多西亚的德林库尤村地底下，首次发现了地下城镇。它有一个像一口井似的入口，向下共有8层，里面建有无数的住宅、小教堂、厨房、水井和食品贮藏室，还有52条通风管道以及墓地和供逃跑用的地道，足可容纳上万个家庭居住。

时隔两年，同样规模的另一个地下城镇在凯伊马澈附近被发掘出来，一条长10千米的地道连接着这两个地下城镇。在以后的10年中，一共发现了63处这样的地下城镇。

早在2000多年前　土耳其的希太部族就在卡帕多西亚地区开始了凿洞而居的生活。

下龙湾

海上的桂林

越南最著名的海上胜景——下龙湾位于首都河内市东部,在这里,1600多个岛屿组成了一幅奇特的海上景观:山奇水秀、风景入画,是喀斯特地貌最瑰丽的地区之一,与我国的桂林山水有异曲同工之妙,因此又被称为"海上的桂林"。

下龙湾的形成

下龙湾原来是一片喀斯特峰林平原地貌,主要发育在3.7亿~3.9亿年前的晚古生代石灰岩中。在高温多雨的气候环境下,石灰岩受到水的溶蚀作用,逐渐发育成山坡陡峭的喀斯特小山。在渗入石灰岩的地下水的作用下,下龙湾地区形成了各种规模的地下河系统。后来,由于地壳的强烈的地壳运动把海底抬出水面,就形成了今天这些大大小小的岛屿。

丰饶的物产

下龙湾不仅景色秀丽,而且物产丰富,盛产各种名贵的水产,其中光龟类就有上千种。另外,龙虾、对虾、海参、鲍鱼、海带等都是下龙湾的特产。可以说,在越南沿海的各种水产,下龙湾全都有。

运动,造成了地下水位的下降,使本来充满水的地下洞穴逐渐变成了干洞。特别是从非石灰岩地区流过来的地表水对石灰岩进行的强烈的溶蚀作用,不断使一些岩石山坡后退,而那些低矮的石山则逐渐被磨平。大约在5000年前,全球性的海面上升使得这片峰林平原逐渐被海水淹没,最终变成了今天遍布海面的下龙湾奇景。

据科学工作者考证 下龙湾是原欧亚大陆的一部分在地壳的运动中下沉到海上形成的自然奇观。

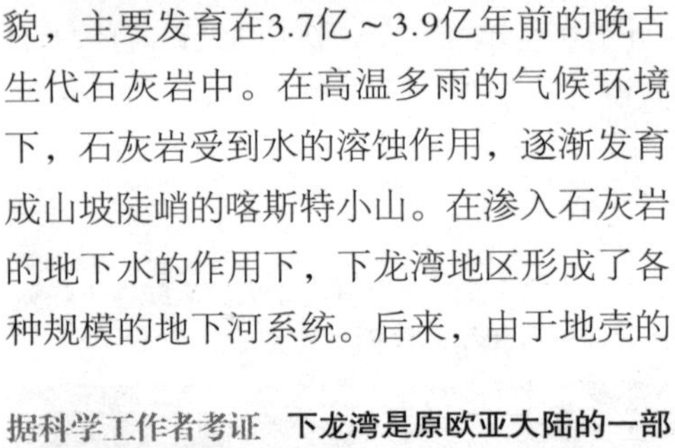

下龙湾美景

下龙湾的神奇之处在于它的岛,这里的岛不是没有生命的石头,而是一个栩栩如生的世界。数千个大大小小的岛屿错落有致地分布在海湾内,仿佛是一个个鲜活的生灵。有的岛形似钓鱼翁,有的状如和尚念经,有的像一对引颈高昂的斗鸡,有的像展翅翱翔的雄鹰……由于小岛造型各异,人们根据其形状给它们取了不同的名字:像一根粗大的筷子直插海里的,是筷子山;像一个大鼎浮在海面上的,是香鼎山;马鞍岛则像一匹灰色的骏马,踏着海浪奔腾向前。

下龙湾不但石岛奇特,洞也迷人,几千座石灰岩石山,不知道有多少个怪岩幽洞。每个洞都有琳琅满目的钟乳石,石笋丛生,气象万千,并且终年积满清冽的淡水,吸引了无数游人的目光。其中最为奇特的是位于马鞍岛上的木头洞,洞分三层:外洞可以容纳上千人;第二洞则遍布石笋和钟乳石,形成了鸟兽、花草等千奇百怪的造型;第三层洞穴里是四个圆圆的石井,终年积满淡水。

下龙湾 不仅山青水秀,而且物产丰富,海里有许多名贵的水产,如龙虾、海参、鲍鱼等,当地的人们主要靠旅游和捕捞为生。

斗鸡山 是两座相互对峙的小岛,形状好似两只正在傲斗的雄鸡,因此得名。

帕木克堡

上古神灵的棉花场

在土耳其西部古希腊和古罗马的旧城废墟下,有一个奇异的地方:一片层层叠起的乳白色的梯形阶地在阳光下熠熠生辉,绒毛状的白色梯壁和钟乳石,倒映于清澈的池水之中,宛如仙境,这就是在当地语言中被称为"棉花垛"的帕木克堡。

钙华又称石灰华,是指石灰岩地区的岩溶水在特定条件下产生的千姿百态的碳酸钙沉淀物。

英国人钱德勒曾经这样描述帕木克堡:"它简直像一片冻结的大瀑布,奔腾的水面好像突然凝固,汹涌的激流在一瞬间僵化了。"

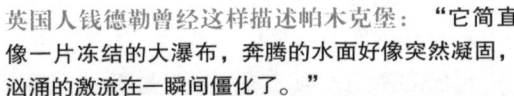

帕木克堡的形成

关于帕木克堡的形成，当地人传说：这里原来是上古的神灵收获和曝晒棉花的场所，久而久之，棉花化为玉石，形成了现在美丽的帕木克。而按照现代科学的解释，乳白色的"阶梯"是钙华，其主要成分是石灰质，性质和我们常见的钟乳石相近。它们都是附近高原上喷出的火山温泉的杰作。雨水溶解岩石里的石灰和其他矿物质，渗入地下成为泉水，再经过漫长的地下水循环，以温泉的形式涌出。整个过程中水溶解了大量岩石中的石灰质和其他矿物质。当泉水涌出，从高原边缘顺坡流淌时，石灰质逐渐析出，沿途沉积，长年累月逐渐形成了白色闪光的梯壁、阶地和钟乳石。

堡上古城——希拉波利斯城

早在两千年前，帕木克堡就已经名闻遐迩了。公元前190年，古希腊城邦白加孟国王尤曼尼斯二世在这里建立了希

帕木克堡的梯壁、阶地和钟乳石　分布区域约有2500米长，500米宽。人们站在古堡的废墟上可以观赏到下面山麓上这些闪光的白色梯形阶地。

拉波利斯城。后来，该城成为罗马帝国的属地。由于这里拥有奇特的地形和温泉，当时的罗马皇帝在这修建了大量的建筑，包括巨大的皇室浴场、宽阔的街道以及剧院、民用住宅等，使这里盛极一时。后来，随着罗马帝国的衰落，这里也逐渐变成了一片废墟。现在，废墟当中还有一处耐人寻味的遗址——冥王殿。据说冥王殿的一个岩洞里常常冒出一股毒气，可以在很短的时间内使一头公牛毙命。为了压制这股毒气，人们在冥王殿的旁边修建了太阳神阿波罗的神殿，以求抵消毒气。现在，毒气的来源早已查明，只不过源自于地下的一道温泉。

> **世界上其他地方的钙华**
>
> 钙华的景观虽非常见，但也不是绝无仅有，比如在中国，云南中甸中有一个"白水台"，那里是白族人的发祥地，其景观与成因都与帕木克堡类似，只不过规模小一些；再如四川的黄龙风景区，沟谷中也发育了层层叠叠的钙华池，云南九乡溶洞中的"神田"，仿佛帕木克堡的一个微缩盆景。

「传说：这里原来是上古的神灵收获和曝晒棉花的场所，久而久之，棉花化为玉石……」

普林塞萨地下河国家公园

海平面下的奇迹

普林塞萨地下河国家公园位于菲律宾巴拉望省北岸的圣保罗山区，距市中心大概80千米。它北临圣保罗湾，东靠巴布延海峡，由陆路和水路都可以到达。这里最奇特的地方就在于它典型的喀斯特地貌和地下河流景观。

普林塞萨地下河国家公园 包含着一个完整的"山－海"一体的喀斯特生态系统。

多变的地形

普林塞萨地下河国家公园是典型的喀斯特地貌，广袤的平原、起伏的丘陵和高峻的山峰在这里实现了最完美的聚会。其中给人印象最深刻的是圣保罗山区喀斯特岩溶地貌景观。公园90%以上的地貌都是由圣保罗山周围尖锐的喀斯特灰岩山脊组成的，而圣保罗山本身又是一系列浑圆的灰岩山峰沿着巴拉望岛的西海岸南北轴连绵而成。公园的主要景观是被人们称为"地

普林塞萨河地下河 的河道幽深，水面平静，里面的溶洞里生活着大量的金色燕、蝙蝠以及孔雀雉等。

下河"或"圣保罗洞"的8千米多长的地下河，洞内林立着钟乳石和石笋，还有几个120多米宽、60多米高的大溶洞，暗河在圣保罗山以西大约2千米的地方流出地面，这里的海拔高度为100米。地下河几乎在地下奔流了整个长度后进入圣保罗湾。

丰富的生物资源

普林塞萨地下河国家公园所在的巴拉望岛是冰川时期形成的大陆桥残迹，因此这里的植物具有与其他地方不同的特色。公园里有三种森林形式：低地森林、喀斯特森林和海岸森林。低地森林是巴拉望潮湿森林的一部分，拥有亚洲最繁荣的树木植物群。喀斯特森林只生长在土壤较多的有限区域内。海岸森林只有不到4公顷的面积，此外红树林也是乌卢甘湾的重要特征。

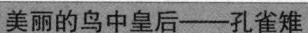

美丽的鸟中皇后——孔雀雉

生活在巴拉望山区的孔雀雉是世界上最漂亮的鸟类之一。它们颈及翼上的羽毛呈带有光泽的蓝色，头上生有一个高而尖、呈金属蓝绿色的冠，尾巴上的羽毛是棕黑色的，长有白色和蓝绿色的眼状斑点。

沃特顿
——冰川国际和平公园

落基山脉上的皇冠

在横贯加拿大与美国的落基山脉的中心，隐藏着一方神秘的净土，那就是素有"落基山脉上的皇冠"之称的沃特顿—冰川国际和平公园——一个大自然历经百万年的心血创作出的艺术品。

独特的地貌

公园由位于加拿大境内的沃特顿国家公园和位于美国境内的冰川国家公园组成，总面积达到4576平方千米。公园属于典型的冰河切蚀地貌，这里耸立着3000多处冰川，这些冰川大都形成于200万年前的冰河时期。随着时间的流逝，巨大的冰川慢慢地刻蚀着山岩，形成了两侧笔直陡峭的岩壁垒，底部宽阔的冰川谷纵横罗列，十分壮观。山壁间起伏的草原地层则是远古时期冰积作用所遗留的沉积物在冰河融化退却后所形成的。如今，在公园内海拔较高的地方还残存着大约50处的小规模的冰河遗迹。另外，公园内还有众多的湖泊，主要有沃特顿湖、罗乌亚湖、阿帕湖等。这些湖泊都是当时冰川侵蚀时留下的，大大小小的湖泊相互贯通，就像一串晶莹的珍珠镶嵌在广阔的大地上。

沃特顿湖 位于加拿大西南部艾伯塔省与美国西部蒙大拿州交界处，落基山脉从这里穿过。

沃特顿湖区 最古老的岩层是远古海洋时期沉积形成的沉积岩。它们已经有15亿年的历史。

公园生态

　　美洲大陆的分水岭——落基山脉从公园中央横穿而过，阻挡了北部干冷空气的入侵，使得这里雨量充沛，物种丰富。在山脉的两侧，茂密的森林几乎给人一种被吞噬的感觉。公园里生长着1258种乔、灌木和275种地衣植物，其中18种是这里特有的。在森林的覆盖之下，则是一片片"花园"，这里的北极花生长得极为茂盛，好像一条散发着浓郁芬芳的地毯铺展到公园的每个角落，上面还点缀着鲜亮的鹿蹄草和雪灵芝等。另外，整个公园还栖息着数百种动物，其中以熊和落基山山羊最为特别。另外，在公园的草原上，还活跃着北美地区特有的土狼、山狮，各种大角鹿、大角羊更是常

虽然是冰川地貌，但由于雨量充沛，因此公园里长满茂密的植被。另外，在公园里随处可见美洲大角鹿，这也是公园特有的动物之一。

公园名称的由来

　　公园本来分属加拿大和美国两国分别所有，在1932年，加、美两国分别通过法案，把两个公园合并，成为世界上第一个国际和平公园，希望国家之间也像这安宁静美的大自然一样，和平之门永不关闭。

「等到夏季冰消雪融的时候，峰顶融化的雪水顺着山坡飞泻而下，形成一道道急瀑……」

据考证，沃特顿湖区的岩层是在古海洋时期形成的，距今已有15亿年的历史。因此，人们在这里的岩石层里经常可以发现古代海洋生物的化石。

中，沃特顿湖属于典型的冰川湖，来自北极大陆的冷空气和来自太平洋的湿润空气在这里相遇形成了一种特殊的气候：夏季晴朗凉爽，冬季湿润多雨，非常适合动植物的生存。

除了沃特顿湖以外，这里还有数不清的小湖泊，如罗乌亚湖、米德尔湖等，它们像一颗颗闪亮的珍珠点缀在公园的土地上。沃特顿国家公园的气候夏季晴朗凉爽，冬季湿润多雨。两种相对的气流强烈影响着沃特顿湖区的气候，一种是干冷的来自北极大陆的冷空气；另一种是对沃特顿湖影响相对较大的来自太平洋的湿润空气。沃特顿湖区年平均风速达每小时32千米，在冬季的个别日子里，风速甚至超过每小时120千米。北美特有的奇努克风使这里冬季的气温在大部分日子里都保持在0℃以上，使得这里成为加拿大冬季最温暖的地区之一。奇努克风是一股强烈的干暖西风，冬春两季从太平洋海面上吹向美国西部海岸和加拿大西北部海岸，并顺着落基山脉南下，对北美洲的气候产生了较大影响。

见，在一些狭窄的路段还有机会看到白头鹰和雷鸟。总之，这片缤纷的生态区为动物们提供了一个绝佳的生活环境，使它们可以自由地繁衍生息。

沃特顿国家公园

沃特顿公园位于加拿大艾伯塔省的南部，群山与平原在这里相会，高大的落基山消失在不远处的美国境内。远古时期，这里曾经是一片茫茫的大海。后来由于造山运动，这里逐渐隆起成为高山。大约在200万年前的第四个冰河时期，巨大的冰川侵蚀高大山体，形成了现在随处可见的陡峭崖壁和底部宽阔的冰川谷和湖泊。其

冰川国家公园的历史

冰川国家公园原来是居住在北美东部的黑脚印第安人举行宗教仪式的圣地，与外界没有联系。1891年，美国大北方铁路公司依照传统印第安人跨越落基山大分水岭的路线，完成了铁路的修筑，这才使得冰川公园从此正式呈现在美国人民面前。

冰川国家公园

冰川国家公园位于美国蒙大拿州西北部与加拿大交界的地方，公园内的地形以冰川、湖泊和山峰为主，它们会随着季节的不同而呈现不同的景致。公园内大大小小的冰川有50多个，这也是冰川国家公园得名的由来。这些冰川主要是由于降落在高山上的大量积雪在重力的作用下凝结为沿着地面运动的巨大冰体而形成的。其中最大的冰川为布莱福特冰川，占地约为4.8平方千米，位于海拔2440的杰克逊山和布莱福特山的北坡。公园里还有许多海拔超过2000米的高峰，这些山峰在冰河作用的侵蚀下，被剥琢成一把把像金字塔一

在沃特顿湖区 冰川的侵蚀对地形的塑造起了决定作用，创造出了沃特顿湖区独特的山脉与大草原相连的景观。

沃特顿山区岩石中 红色成分是氧化程度高的氧化铁，绿色成分是氧化程度低的氧化铁。

样的利刃，上面覆盖着皑皑的白雪，在阳光的照耀下格外妖娆。等到夏季冰消雪融的时候，峰顶融化的雪水顺着山坡飞泻而下，形成一道道急瀑。瀑布沿着山体逐阶而下，落到低凹处便形成了大大小小的湖泊。其中最美的圣玛丽湖长达16千米，在群山的环抱下熠熠生辉，为公园一大盛景。

巴德兰兹劣地

不谋而合的"恶劣之地"

美国南达科他州和内布拉斯加州交界的地方,有一片荒凉的土地,目力所及之处都是刀锋般的山脊、深沟、狭窄的平顶山和一望无垠的沙漠,当地的印第安人和最先到达这里的欧洲人不约而同地把它取名为"恶劣的地方",这就是有名的"巴德兰兹劣地"。

雨水的冲刷、风沙的侵蚀加上岩石本身的风化剥落,形成了如今的巴德兰兹风貌。

恶劣的地方

今天的巴德兰兹风沙漫天，一片荒凉，但在7500万年以前，这里却是一片汪洋大海。大约在1000万年以前，海底的板块受到挤压而抬升，海洋消失了，这里成了一片崭新的大陆。在随后的几百万年里，气候逐渐变得温暖潮湿，大量的亚热带森林长势旺盛，给这片土地带来了新的气象。但随着冰川时期的到来，气候逐渐变得寒冷干燥，森林变成了热带草原，草原又变成了草地，低矮的草丛再不能保护裸露的地面，经过天长日久的雨水冲刷，草被连根冲走，露出下边的软泥层，但很快，它们就被汹涌的河水带走，留下了起伏不平的岩层。岩层在烈日的灼烤下变硬、破裂，形成了突兀的山脊和道道沟壑，成了名副其实的"恶劣之地"。

万派尔峰 是巴德兰兹地区最高的山峰，由于风沙和雨水的侵蚀，现在它正以每年15厘米的速度在降低。

杂的开阔的地形也正适合这种大规模的捕猎方式。现在，在某些悬崖的底部，野牛的尸骨仍然可以见到。

由于食物十分稀缺，因此印第安苏族人充分利用了野牛身体上的每一部分：肉和脂肪作为食物；皮可以用来制作帐篷、毯子、衣服甚至马鞍、皮带；牛角挖成勺子；而骨头则作为棍棒。野牛为印第安苏族人提供了日常生活中所需的大部分的器物。但自从19世纪70年代，欧洲殖民者开始涉足这片土地，印第安人的传统生活被打乱，他们被迫离开家园，四散为生。如今，巴德兰兹地区的印第安苏族部落几乎已经灭绝了。

野牛 是北美洲最为凶悍的动物之一，即使面对最富攻击性的捕食动物，也毫不退缩。所以，尽管巴德兰兹一片荒凉，却还可以看到它们的身影。

土著人的生活

尽管环境恶劣，但巴德兰兹地区却是当地印第安人苏族部落的家园。几个世纪以来，他们在这片土地上打猎、劳作，繁衍生息。这里的印第安人世世代代以捕食野牛为生，他们通常都是采取群攻的方法，把野牛赶下山崖摔死，而巴德兰兹复

遥远的化石

由于地质年代久远，在巴德兰兹劣地的地表下埋藏着许多化石，包括剑齿类虎、三趾类马以及小骆驼等。此外，人们还发现了一种身长3米，好像是公牛、马和野猪三者的结合体的动物化石，这里便吸引了大批考古学家的造访。

第七章
古国王朝篇
Part 7 Ancient Dynasties

　　文明发展的进程绝不是简单的直线，历史上没有一种古代文明，不曾历经多次曲折甚至倒退。在人类的历史中，相当多的文明在时间的长河中消失，等到不知过了多少代，才重新出现，也有的文明最后归于中断和湮没。

　　遥远的欧洲大陆，静静的台伯河还在日夜不息地流淌，而古罗马帝国的繁华早已经消失在历史的尘埃里；茂密的南美丛林，雄伟的马丘比丘依旧在云中若隐若现，但它的缔造者却已不知所踪……于是，人类开始了寻找。从某种意义上说，追寻历史不仅是对历史的尊重，也是对人类自身的一种关注。那就让我们收拾好行囊，用自己的足迹去丈量与祖先的距离吧。

古罗马帝国

台 伯 河 上 的 角 斗 士

公元前5世纪，罗马还只是台伯河畔一个很小的城邦。公元前343年～公元前290年，通过三次对萨莫奈人的征战，罗马人占领了意大利的中部地区。接着，他们又逐渐将势力渗透到意大利南部直至整个地中海地区，最终发展成为一个庞大而强盛的帝国。公元2世纪，帝国的统治达到鼎盛。

在罗马古城的废墟上 高大的城柱仍然高高耸立，显示了这个帝国曾经的繁华。

阿庇乌斯大道共分四层 路面中间稍稍隆起，形成小弧形，以便把雨水分散到两边的下水道。

帝国的兴盛

公元前509年，罗马实行了一种新的统治方式——贵族共和制。这一统治实行了400年之久，由两名每年选举出的被称为执政官的官员取代国王的地位，执掌罗马政权。到公元前168年，罗马城成为罗马共和国的首都。这时，罗马的疆域面积之大、实力之强在世界历史上都是前所未有的。在此期间，罗马人征服了许多城邦和王国，把罗马版图扩大为北起北欧、南到非洲海岸、东至幼发拉底河的广阔区域，罗马商道直通亚洲中部，罗马成为地跨亚、非、欧三大洲的强大国家。

古罗马的交通

公元前312年，为适应版图扩张和势力延伸的需要，在罗马监察官阿庇乌斯的主持下，罗马人开始修建历史上第一条高水准的罗马式道路——阿庇乌斯路。到了公元2世纪，罗马人已经铺就了大约8万千米的干道和超过30万千米的支线。这些干道和支线纵横交错，穿过不列颠、欧洲、北非、小亚细亚、阿拉伯、叙利亚以及美索

古罗马的演讲台　是当时的政治演说家向观众发表演说的地方。

不达米亚的沙漠，紧紧地将它们与罗马城连成了一个整体。这些精心修筑的四通八达的道路网为罗马的扩张和繁荣做出了巨大的贡献。不但如此，许多道路还为今天的高速公路系统打下了基础。现在，英国仍在使用着两条著名的古罗马道路：一条是在公元11世纪修建的连接今天伦敦和苏格兰北方大道的华特令大街，另一条是从林肯到埃克赛特的弗希路。

古罗马　元老议会场左右两侧的大理石台阶，是300位元老院议员的座位席，而大厅尽头的上座则是主持会议的议员的座位席。

城市的生命线

从公元97年开始，整个罗马城共修建了11条引水渠，它们被建成了一连串高压的拱门形状，上下起伏，从南部和东部的山丘上绵延而下，向全城供水。并延伸到辖区所有的地方。现在，在法国、西班牙、希腊和北非等地仍可看到许多当时的小引水渠。

奥尔梅克文明

中美洲的文明之母

在今天墨西哥湾圣洛伦索的一片丛林覆盖的高原上，蜿蜒的科泽科克斯河缓缓地流经特万特佩克地峡北边进入墨西哥湾，孕育出一个古老的文明——奥尔梅克文明，这是迄今为止所发现的中美洲最古老的文明，被形象地称为"中美洲的文明之母"。

这座独特的石头雕刻 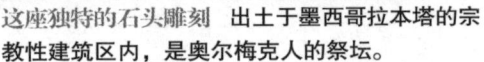 出土于墨西哥拉本塔的宗教性建筑区内，是奥尔梅克人的祭坛。

古老文明的影响

奥尔梅克文明发祥于公元前13世纪~公元前3世纪，公元前8世纪达到顶峰。其主要区域为今天墨西哥南部的韦拉克鲁斯州和塔瓦斯科州，面积约1.8万平方千米。这一带西部为洪泛区，东部为沼泽地，气

> **古老文明的传承**
>
> 公元前800年左右，奥尔梅克文明逐渐衰落，不再是中美文化的主导，目前仅存遗风。然而奥尔梅克文明的火炬并未就此熄灭，而是被其他民族接过来，继续照耀着中美大陆的丛林与沟壑。当奥尔梅克的余晖渐渐消失在遥远的美洲丛林之中时，另一个更辉煌的时代——玛雅时代来临了。

墨西哥城 东北的特奥蒂瓦坎遗址上的羽蛇金字塔是远古的奥尔梅克人信仰的最好传承。

候炎热多雨，河流众多，水草丰美，并且盛产橡胶树。因此，当地的居民被称为"奥尔梅克人"，意思就是"橡胶之乡的人"。奥尔梅克文明开创了中美洲文明的先河，它的影响不仅仅局限于墨西哥本地，而且遍及整个中美洲地区，其后出现

的玛雅文明、阿兹特克文明以及其他各种文明都与它有很深的渊源。这三种文明在社会生活、建筑艺术、宗教信仰甚至政治结构上都有很多相似之处，体现出很强的一致性和历史传承性。

文明遗址

墨西哥的崔斯萨波特是一座古城，兴起于公元前500年～公元100年，是奥尔梅克文化晚期的一个中心。如今，原址只剩下几座土墩散布在玉米田中。考古学家在古城还发现了一些金字塔，其中主要的金字塔矗立在遗址南端，底部略呈圆形，整座塔模样看起来像一个有凹槽的圆锥，塔身有10道垂直隆起的脊骨，中间有沟槽。这座金字塔高30米，直径几乎达到60米——无论用哪一种标准来衡量，它都称得上建筑史上一大奇迹。科泽科克斯河注入墨西哥湾的地方，是传说中奥尔梅克人的家乡。位于科泽科克斯市西南方的圣洛伦索，正好坐落在奥梅克文化遗迹——"蛇神避难所"的中心，这是考古学家使用碳14鉴定法测出的年代最古老的奥尔梅克遗址。在圣洛伦索无边无际的田野上，还散布着许多比较矮小的土墩，仿佛正在向人们讲述这个远古文明的兴衰。

用绿色硬玉或某种绿石加工成雕塑品 是奥尔梅克人的一门独特的传统艺术。

古老的奥尔梅克文明 早已湮没在历史的海洋中，只有这座静坐在科泽科克斯河边的无头雕像还在向人们默默诉说着那个时代的辉煌。

玛雅文明

丛林中走出的奇迹

每一个终点就是一个起点,当玛雅人神秘消失的时候,玛雅这一奇特的文明就注定要在后世人的心中刻下烙印。

——玛雅古城的发现者史蒂芬斯

辉煌的丛林文明

玛雅文明是中美洲古代印第安文明的杰出代表,以印第安玛雅人而得名,主要分布在墨西哥南部、危地马拉、伯利兹(前英属洪都拉斯)北部和萨尔瓦多西部地区。公元前10世纪~公元8世纪,玛雅人的足迹从墨西哥的尤卡坦半岛,南至危地马拉、洪都拉斯,直达安第斯山脉。这个神秘的民族在南美洲的热带丛林建造了一座座令人咋舌的巨型建筑:雄伟壮观的提卡尔城的电脑复原图出现在人们面前时,许多现代城市的设计师也自叹弗如;乌克斯玛尔的总督府由22500块石雕拼成精心设计的图案,分毫不差;奇琴伊察的武士庙,屋顶虽已消失,但那巍然耸立的1000根石柱仍然令人想起当年的气魄。这一切都默默地向人们表达着同一个主题:这是个不平凡的民族。

随着玛雅文明的崩塌 作为他们文明标志之一的金字塔早已经失去了原有的华彩,变成了一座高大的荒丘。

「这一切都默默地向人们表达着同一个主题：这是个不平凡的民族……」

文明的崩塌

玛雅文明虽然是城市文明，却建立在农业的根基之上。自古以来，玛雅农民采用一种极原始的"米尔帕"耕作法：先把树木统统砍光，过一段时间干燥以后，在雨季到来之前放火焚毁，以草木灰作肥料，覆盖住贫瘠的雨林土壤；烧一次种一茬，其后要休耕1～3年，有的地方甚至要长达6年，待草木长得比较茂盛以后再烧再种。随着人口的增加，农业的压力越来越大，人们更多地毁林开荒，同时把休耕时间尽量缩短。然而这样一来，土壤肥力下降，产量越来越少，整个社会面临着生态环境恶化、生活资源枯竭的严重问题，社会状况一落千丈。更为严重的是，在神权政治的体制下，玛雅王族和祭司将这种

千柱群 是位于奇琴伊察武士庙周围的一片廊柱，占地150平方米，像一群巨人守卫着武士庙。

"衰败之象"都归结为神的不满。他们更多地建神庙，更频繁、更隆重地祈祷，期盼能借神力扭转乾坤。当然，这样做的结果是浪费了更多的人力和已十分稀少的资源，直至陷入不可救药的恶性循环。随着农业生产供应的严重匮乏，玛雅高度发达的文化也开始崩溃。

与埃及金字塔不同 玛雅人经常把他们的金字塔建成各种风格的变体，这就是玛雅文明中著名的城堡金字塔。

图书在版编目（CIP）数据

世界国家地理／龚勋主编．—汕头：汕头大学出版社，2012.1（2021.6重印）
ISBN 978-7-5658-0551-6

Ⅰ．①世… Ⅱ．①龚… Ⅲ．①地理-世界-青年读物 ②地理-世界-少年读物 Ⅳ．①K91-49

中国版本图书馆CIP数据核字（2012）第008783号

世界国家地理
SHIJIE GUOJIA DILI

总策划	邢涛	印刷	唐山楠萍印务有限公司
主编	龚勋	开本	705mm×960mm 1/16
责任编辑	胡开祥	印张	10
责任技编	黄东生	字数	150千字
出版发行	汕头大学出版社	版次	2012年1月第1版
	广东省汕头市大学路243号	印次	2021年6月第7次印刷
	汕头大学校园内	定价	34.00元
邮政编码	515063	书号	ISBN 978-7-5658-0551-6
电话	0754-82904613		

● 版权所有，翻版必究　如发现印装质量问题，请与承印厂联系退换